大夏书系·语文之道

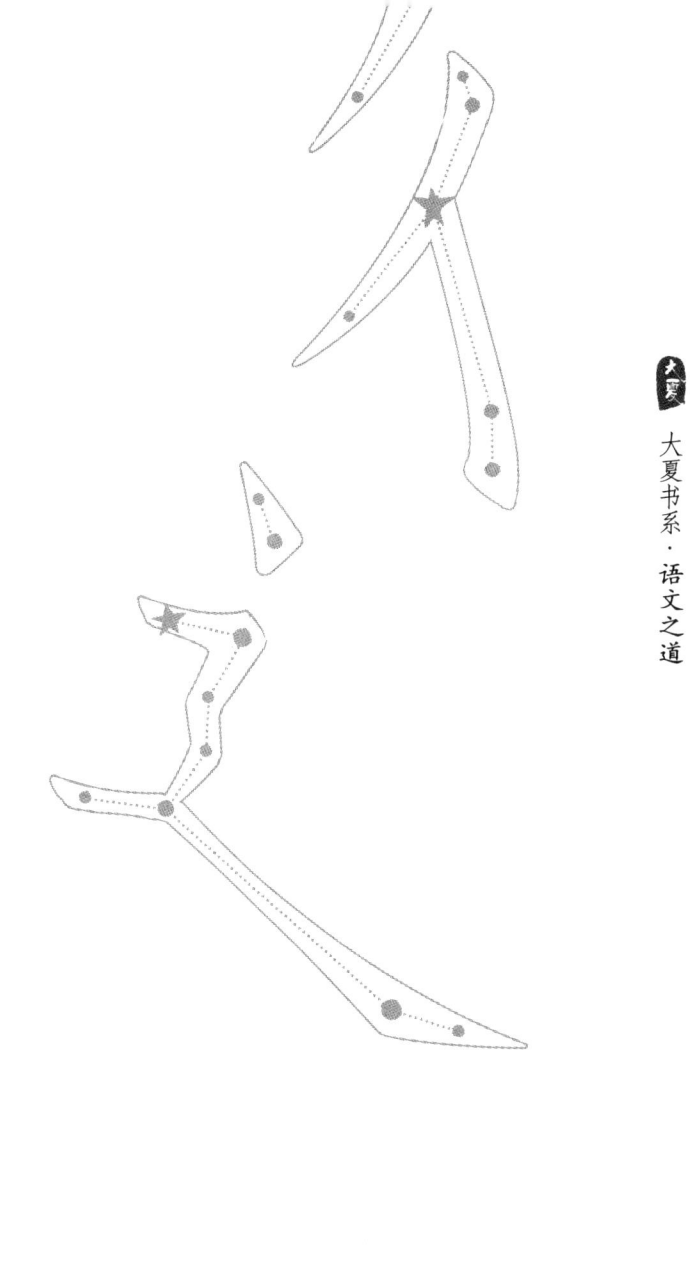

小学语文创意教学

孙建锋 著

华东师范大学出版社
全国百佳图书出版单位
·上海·

图书在版编目（CIP）数据

小学语文创意教学/孙建锋著. —上海：华东师范大学出版社，2022
ISBN 978-7-5760-2898-0

Ⅰ.①小…　Ⅱ.①孙…　Ⅲ.①小学语文课—教学研究　Ⅳ.① G623.202

中国版本图书馆 CIP 数据核字（2022）第 095768 号

大夏书系·语文之道

小学语文创意教学

著　　者	孙建锋
责任编辑	卢风保　韩贝多
责任校对	杨　坤
装帧设计	奇文云海·设计顾问
出版发行	华东师范大学出版社
社　　址	上海市中山北路 3663 号　邮编　200062
网　　址	www.ecnupress.com.cn
电　　话	021-60821666　行政传真　021-62572105
客服电话	021-62865537
邮购电话	021-62869887　地址　上海市中山北路 3663 号华东师范大学校内先锋路口
网　　店	http：//hdsdcbs.tmall.com
印 刷 者	北京季蜂印刷有限公司
开　　本	700×1000　16 开
印　　张	16.5
字　　数	266 千字
版　　次	2022 年 12 月第一版
印　　次	2022 年 12 月第一次
印　　数	6 100
书　　号	ISBN 978-7-5760-2898-0
定　　价	59.80 元
出版人	王　焰

（如发现本版图书有印订质量问题，请寄回本社市场部调换或电话 021-62865537 联系）

目 录

自 序 / 1

第一章 拼音教学

有的放矢，精准施教
——部编教材一上《汉语拼音》创意策略 / 3

新颖·有趣·实效
——部编教材一上《ɑ o e》创意设计 / 7

巧借儿歌学声母
——部编教材一上《g k h》创意教学 / 13

创设情境学韵母
——部编教材一上《ao ou iu》创意设计 / 18

拼音教学遭遇"沃尔玛"
——"m—ɑ 音节拼读"的创意教学 / 23

第二章 识字教学

创新设计，激趣识字
——部编教材一年级识字创意策略举要 / 29

让识字写字多些乐趣
——部编教材一上"语文园地一"创意设计 / 37

遨游"字谜乐园"
——部编教材一下《猜字谜》创意教学 / 40

写字，始于"读"字
——部编教材一年级写字创意设计 / 44

识字的课堂里怎样找到"人"
——部编教材二下《贝的故事》识字创课 / 50

写字教学的一抹亮色
——多媒体在写字教学中的妙用 / 53

字无百日功
——部编教材六上书法教学设计 / 56

第三章 阅读教学

放飞学生于天地大教室
——部编教材一上《天地人》创课教学 / 61

我和《棉花姑娘》的甜蜜"约会"
——部编教材一下《棉花姑娘》创课 / 67

放手让学生讲课文
——部编教材二上《植物妈妈有办法》创意教学 / 72

愿我们的课像燕子一样飞翔
——部编教材三下《燕子》创意教学 / 77

唤醒学生审美
——部编教材四上《走月亮》师生对话 / 80

引领学生组文阅读的教学设计
——部编教材五上《白鹭》创课教学 / 85

走向"可能的教学"
——部编教材五下《祖父的园子》创意教学 / 91

让学生在课文中找到自我
——聆听学生与部编教材六上《丁香结》对话 / 95

第四章 习作教学

不要"低估"孩童的思想力
——部编教材一下"我多想"创意写话 / 101

穿越大半个中国来"听"你
——部编教材二下"字词句运用"创课 / 105

"睡秋雨"
——部编教材三上"秋天的雨水"读写创意 / 110

外国老师的公开课
——部编教材四上习作"生活万花筒"创课 / 113

习作教学要向音乐教学学示范
——部编教材五上习作
"推荐一本书"教学创意 / 117

习作讲评,谁来评
——部编教材五下
"那一刻,我长大了"讲评创意 / 122

习作就是触发孩子的思维
——部编教材六上习作"变形记"创课 / 126

情窦初开
——部编教材六下习作
"让真情自然流露"创课 / 133

第五章 口语交际

声音是一种文明
——部编教材一上口语交际
《用多大的声音》教学创意 / 153

紧扣要素,学习推荐
——部编教材二下口语交际
《推荐一部动画片》教学创意 / 156

好言相劝
　　——部编教材三下口语交际
　　《劝说》教学创意 / 159

爱的审辨
　　——部编教材五上口语交际
　　《父母之爱》创课 / 163

儿童是自己的国王
　　——部编教材五下口语交际
　　《走进他们的童年岁月》创课 / 170

述说自己之真
　　——部编教材六下口语交际
　　《即兴发言》创课 / 193

第六章　综合学习

开展综合性学习，弘扬传统文化
　　——部编教材三下综合性学习
　　《中国传统节日》教学建议 / 203

关于月亮的古诗、神话、童话串串烧
　　——部编教材四下综合性学习
　　《轻叩诗歌大门》创课 / 207

孩子们的发现
　　——部编教材五下综合性学习
　　《童年的发现》创课 / 213

缔造完美教室
　　——基于部编教材六下综合性学习
　　《难忘小学生活》创课 / 235

自　序

小学语文创意教学，就是立足生命的视域，用动态生成的观念，重新全面认识课堂教学，整体构建课堂教学。

如果说小学语文创意教学是一个实集，那么其子集包含：拼音教学、识字教学、阅读教学、习作教学、口语交际、综合学习六大并列的教学板块。

本书所列举的以部编教材为蓝本的六大主题创意教学，其中的每一个教学案例，都是相应子集中的一个元素。

这每一个元素不啻是传统意义上的一篇教学设计或一堂教学实录，更多的是一种对读者的成长性开示与加持；是一种裂隙（一切创造性的作品都是裂隙），一种让读者能够从中索取到冒着烟、发着光的崭新的东西的裂隙；是一种对读者的诗性行为，这种诗性在于突然看到一个个观念碎片，将它们组织起来，汇聚成在价值上相等的一定数量的主题。

这"组织起来"的每一个元素，每一个通过密集的直观让创意教学当下化的元素，对读者来说都是一个教学的横切片。即便只是一个切片与瞬间，欲到达其先前与以后都是不太可能的，可能的是我们可以凭借那些文字透析是否确切表达着所想，是否思想有异于众人，是否视角闪现着新意，是否彰显着一个共同的行为基因——创造。创造，指的是自己输出质量非常好的东西，或者是非常有影响力的东西。

小学语文创意教学为什么要靶向创造？

这取决于教学的行为主体。

教学的行为主体是谁？

人。

人的本质是什么？

人并没有什么与生俱来的抽象本质，人的本质是永远处在创作之中的，它只存在于人不断创造文化的辛勤劳作之中。对此，卡西尔已经说得很透彻，人性并不是一种实体性的东西，而是人自我塑造的一个过程，人要自己创造自己。创造乃生命自然运行的法则。生命是一种能量，一种纯粹的创造能量：真正的人性无非就是人的无限的创造性活动。

教学无疑是人性的。人性的教学是一种创造活动，一种创造文化的活动，究其本质究竟是一种什么样的活动？

哲人卡西尔指出：这种活动就是"符号活动"，亦即能自觉地创造各种"符号形式"的活动。人类文化与动物行为的根本区别就在于：动物只能对"信号"做出条件反射，只有人才能够把这些"信号"改造成为有意义的"符号"。人的这种自发性和创造性就是一切人类活动的核心所在。它是人的最高力量，是精神能量进入世界的渠道，同时也标示了我们人类世界与自然界的天然分界线。

教学作为一种创造性活动，其呈现方式是什么？

言说与行动。

"我们以言说与行动让自己切入人类世界，……去行动，在最一般的意义上，意味着去创新、去开始，发动某件事。""人自身就是一个开启者。""行动……是诞生性的人之境况的现实化，……言说……是复数性的人之境况（即作为一个与众不同、独一无二的存在者，活在同侪中间）的现实化。"阿伦特所阐释的"言说与行动"揭示了某人是谁，也揭示了其归属感。通过言说和行动，人使自己与他人区别开来。相反，一种无言无行的生活，实际上就是在世间的死亡，它不再是一种人的生活，因为它已不再活在人们中间。

考虑到言说与行动的流变性，无疑，在依然决定着我们的行为程式的陈腐框架外，发明不可想象的创新是必要的。

故此，身为言说与行动着的教师，我们要警惕立场与观点。我们要自觉阻断自己成为任何凝固教学模式的进展，避免被某种流行性越泛滥创造力越消隐的教学所劫持。这种拒绝"成型"的间空，属于"未找到自己的最终路径之前在众多向度上保持尝试的人",以远离僵化、忧郁、徒劳的动荡和虚荣。一个人活成一支队伍是神气的,但更需要练就的本事,是把自己的教学彻底打散,散在宇宙洪荒里。于是万物都是自己的。我们要对阻碍教学创造的一切报以厌倦、说不与否定——否定才是最大的生产力,说不是说更确定的是。

我们每位教师都是能行动的人,都具有开端启新的意义。我们每一个都是独一无二的,都有能力创新,都有良策良能打断或扭转由先前行动发动的事件链条。我们有理由期待教学中那些不可期待的新东西。

不排除有人心存疑虑,认定很多东西我们无法改变。

任何一件看起来已经板上钉钉,没有转圜余地的事情,都是可以被真实改变的,都在向一切可能性敞开。任何改变,不论大小,都是从观念的转变开始的。让我们不要再问不可能做到什么,或者专注于那种一直以来的方式。让我们首先询问能做什么,并去攻克曾经无法实现的那些事。让我们超越自我,实现各种突破,展示我们的能力和力量。

我们不妨做个教学"逃跑家"。这并不是怂恿脱岗逃跑,而是为了教学创新,以逃跑为家,放荡心志,行游四海。在那未知的远方,寻觅未来的心灵,观照未竟的生命,加持未染的灵魂。无论如何,我们要出发,哪怕有些仓促,有点"狼狈",甚至有股冲动,也要肆无忌惮地逃离守旧的教学。逃离旧一课,逃向新一课。最重要的是怀揣信念,秉持行动,没有什么可以被视为理所当然。一切皆可能发生。

我们的教学要逃有所向,关键是逃向人,准确地说是逃向孩子。逃向孩子不是口号,是行动,是教师自愿选择重新做回孩子的行动。每个大人都曾经是个孩子。而作为曾经的孩子,在不经意间已经不再能理解孩子到底是怎么一回事,哪怕仍然在任性地耍着孩子式的脾气。其实和大人一样,孩子拥有"完整"而"成熟"的世界,只是他们有他们的语言和方式。十年过去,半个世纪过去,语言在更新在变化,而那个世界没有变。重新做回孩子,和孩子一起成长。没人知道在我们和孩子们的身后,将会有什么样的生活。有一件事是很清楚的:将再次是不同的新生活。这就是为什么我们要推倒那堵"大人高高在上"却无知又狭隘的墙,因为没有什么必须保持原样。

一个教师值得骄傲的永远不是从这个世界得到了什么,而是他可以带给世界尤其是教室里的孩子一些改变。切莫小觑任何一间教室,任何一支粉笔,任何一张嘴，在最有限环境里的最幽微的行动，也蕴藏着潜在的无限性。有时候，一节课，一节创课，一节与众不同而又上到孩子心里的创课，不会看上去像你之前见过的任何一节课。

课中的一句话，一个动作，甚至一个眼神，都足以改变整个教学场景，影响孩子一生的灵魂走向。"假如你面对一幅你从未见过的画，而不改变对某种东西的看法，那么，要么你是个固执的傻瓜，要么是这幅画不太好。"把"画"换成"课"，一样的道理。每人改变一点点，每天改变一点点，每课改变一点点，行动的生产性恰恰在于它的无限性。因为正是这种无限的可能性造成了它生产各种可能的无限性。

我们追求教学创造，绝非为过去的教学内容强加一种表现形式。教学创造是一个生成性事件，它意味着以流动的绵延对抗静止的时间和空间，意味着以不断变化的质的瞬间对抗没有差异的永恒，意味着不断打破自身的同一、不断生成的动态过程。教学创造永远没有结束，永远在进行中，超越任何可能经历或已经经历的内容。这只是一个过程，也就是说，一个穿越未来与过去的生命片段。

我们追求教学创造，就是追求一种创造思想。思想是经常保持隐藏却一直驱动日常行为的那种东西。思想就是发明。思想就是话语。话语从其诞生起，就一直在开裂；甚至在话语的背后，在话语的源头，也是如此。我们在开裂处言说，在虚空里写作，如同蜉蝣在水，云彩在天。哪怕如今青春已远，但意志还在；时间已逝，但虚空还在。话语不止，奋斗不歇。因为话语仍在开裂，世间的石头尚未熟透，而宇宙的话语遗失的天体残片还在撞击，那来自星际空间的斗争依然饥饿……就像曼德尔施塔姆所说，要在太空中播撒麦粒。

每一次教学创造都是播撒一颗麦粒，每播撒一颗麦粒都是幸福。一如陀思妥耶夫斯基所说，他感到最幸福的不是他的作品发表的时刻，甚至也不是初次从当时最优秀的作家和文学专家口中听到非凡好评的时候。他认为一生中最幸福的时刻是：谁也不知晓的他，静静地写着自己的手稿，对着自己臆想胆小如鼠、被压垮的小公务员马卡尔·杰乌什金的命运痛哭流涕的时候。

我们的教学创造活动，一如陀思妥耶夫斯基的创作，在与自己的灵魂交汇之时，孤独而幸福。只要在过程中拥有了能做自己的自由，和敢做自己的胆量，至于结果只不过是一种离去的外显罢了。

第一章

拼音教学

语文课标中拼音教学的目标很明晰：能读准声母、韵母、声调和整体认读音节。能准确地拼读音节，正确书写声母、韵母和音节。认识大写字母，熟记《汉语拼音字母表》。基于此，汉语拼音要讲究教学策略，注重引导学生在"拼音中学拼音"，努力做到"有的放矢，精准施教"。

有的放矢，精准施教

——部编教材一上《汉语拼音》创意策略

汉语拼音教学创意策略见仁见智，列举几种，以飨教者。

一 // 巧用"情境图"与"语境歌"

在拼音教学中，我们要根据部编教材的特点来教学，巧妙用好"情境图"与"语境歌"。

1. 把握一个时机，即教学时机。我们要相机运用"情境图"引出声母、韵母；利用"语境歌"巩固"声母、韵母"的认读。

2. 防止两个偏向：一是只强调"情境图""语境歌"的一般功能（如观察、思维、表达等），却忽略了汉语拼音教学的根本目标；二是只看到"情境图""语境歌"与声母、韵母的表层联系，而忽略了它们的深层意义和根本价值。

二 // 重点在于教学生读准音节

1. 要在读准音节上下功夫。拼音教学重点是教会学生正确发音，要在帮学生读准音节上多花一些功夫。

2. 从实践中来，再回到实践中去。让学生拼读音节时借助已有的口语经验，从言语实践中来，再回到言语实践中去。

3. 要在拼音的过程中学习拼音。给学生充裕的时间让学生在拼音的过程中学习拼音，进而掌握拼读音节的要领，再举一反三，触类旁通。如"两拼法"的要领"前音轻短后音重，两音相连猛一碰"和"三拼法"的要领"声轻、介快、韵母重，三音相连猛一碰"，拼读十几个音节之后，自然就会成为学生熟练的顺口溜。当然，万事开头难，一开始教师可以领读，后面的就可以让儿童顺口"溜"下去了。拼读时还要注意让学生养成读轻、读短的良好习惯。另外，"音节数调法""音节定调法""韵母定调法"这三种拼读方法，仍是常用的方法，一般来讲，初学时适宜采用"音节数调法"，然后再逐步使用"音节定调法"与"韵母定调法"。

三 // 贵在激发学生的学习兴趣

教师应顺应学生的年龄特征与心理特点来进行教学。教学要力求生动活泼，应该多采用故事、歌谣、游戏、表演等方式。如教学声母 b、p、m、f，可先教学生念声母歌诀：广播广播 b b b，泼水泼水 p p p，两个门洞 m m m，伞柄朝下 f f f。读几遍后，可让学生"击节而歌"。练习拼读音节，则可采用"摘苹果"等方式。有条件的也可以采用录音、录像、多媒体等手段。这样，就能激发起学生的学习兴趣，效果也就会更好。

四 // 教学拼音的基本步骤

一课一般分两个课时教完：第一课时重点是认读声母；第二课时重点是学会拼读。

1. 第一课时的基本步骤：

（1）用"情境图"引出字母。

（2）认读字母。

（3）用"表音表形图"加强对字母的记忆。

（4）用"语境歌"巩固字母的认读成果。

（5）通过描红仿影学写字母。

2. 第二课时的基本步骤：

（1）复习字母的认读。

（2）用课文的插图让学生把握拼读方法。

（3）用拼读方法进行拼读练习。

（4）描、抄音节练习。

五 // 教学拼音的注意点

(一) 不要把"情境图"当作"看图说话"来教

"情境图"是教师教学时引出字母，导出正确读音的一种凭借，这样不仅方便教学，还能使学生知道，汉语拼音的字母（也包括音节）不是从天上掉下来的，而是来源于我们的实际生活，存在于我们日常的语言之中。我们可以通过"情境图"激活儿童的生活经验，并借助儿童已有的口语经验来学拼音。"情境图"不是"看图说话"教材，没有必要用它来进行说话训练。如果利用"情境图"大做"说话训练"的文章，那就与教材的编写意图相去甚远，且得不偿失。

(二) 要正确使用"语境歌"

"语境歌"是让学生用来巩固字母的认读成果的，使用的时机一定要把握好。有些老师在学生还没有认读字母的时候就"唱"上了，这样就没有真正发挥"语境歌"的最佳效用，造成了教学资源的浪费。

(三) 要把握好拼音抄写的量

教拼音时，没有必要让学生花费较多的时间来抄写。拼音是个工具，是根拐杖，它的主要功能是用来帮助"认、读"。因此，我们应该在读准上多下功夫，至于写要适当，不要片面追求书写的漂亮、得体，做到"正确书写"就可以了。

/ 教学反思 /

有的放矢，意味着我们的教学要有"靶点"意识。拼音教学的靶点在哪里？就是"准确"，学生要"读准声母、韵母、声调和整体认读音节"，"能准确地拼读音节，正确书写声母、韵母和音节"。

精准施教，意味着我们的教学要集中于"靶点"，要有精准的教学策略与方法。

有的放矢、精准施教，既是教学理念，又是教学方法，同时又是一种教学创意。

有的放矢、精准施教的着眼点不是物，是人，是教师这个人。如果没有称职的教师，再好的教材、教法和教育理念都是白扯。唯有称职的教师，充满创意的教师，才能精准施教，创造一个适于学生的成长环境。

毋庸讳言，每天的教学都有可能面对机械、刻板的重复，我们从中不断地提取出微小的差异、变易和变状，每天改变一点点，不就可以不断逼近教学创意？

当然，每一节有的放矢、精准施教的创课的准备，都是创者之前所有的发生的总和——他的经验、他的阅读、他的栽种、他的睿智、他的灵气、他的禀赋。创者必须知道自己的来路，必须对教学敏感，并对自己维持尊敬。他的选择，既是收割，也是叠加；既是回应开端，也是开创未来。

我们的教学设计，怎样才能不去重复过去完成时的经验，而是创造出正在进行时的新经验？请走进部编教材一上《aoe》的创意设计。

新颖·有趣·实效

——部编教材一上《aoe》创意设计

一 // 故事导入，激发兴趣

春天来了，白云朵朵，碧草茵茵。一个可爱的小姑娘在溪边大声歌唱：aaa……歌声引来了公鸡先生，公鸡先生想要和小姑娘比赛唱歌，于是亮开嗓门：ooo……他们两个比得热火朝天，不分上下，所以找来了白鹅法官当裁判，白鹅法官只说：eee……。他们谁也没有胜利，所以约定：看谁先教会咱们班的小朋友谁就获胜。

二 // 诵读儿歌，学 aoe

公鸡先生：我们一起诵读儿歌吧。小朋友一听很高兴，跟着公鸡先生诵读儿歌：

圆圆脸蛋羊角辫，张大嘴巴aaa；

太阳出来红通通，公鸡一叫ooo；

清清河水一只鹅，水中倒影eee。

三 // 钢琴伴奏，唱 a o e

白鹅先生也不甘示弱，钢琴伴奏教小朋友学唱 a o e。

小姑娘站在小溪边唱起了 a 字歌（钢琴弹奏）：

|1 3 5 i-|i 5 3 1-|

 a a a a a a a a

公鸡站在村口，唱起 o 字歌：

|1 3 5 i-|i 5 3 1-|

 o o o o o o o o

白鹅浮在水上，唱起 e 字歌：

|1 3 5 i-|i 5 3 1-|

 e e e e e e e e

四 // 示范发音，学 a o e

小姑娘：我来教大家 a o e 的发音。

1.示范 a 的发音方法：张大嘴巴，舌头居中，舌位放低，嘴唇呈自然状态（不圆唇），发音过程中口形不能变动。我们一起来：张大嘴巴，a a a。（生练习发音）

2.示范 o 的发音方法：嘴巴半开闭，嘴唇请圆拢，舌尖向后缩，舌面往后隆，"喔喔"音拉长，口舌不变形。我们一起来：拢圆嘴巴，o o o。（生练习发音）

3.示范 e 发音方法：口形要变扁，半开半闭，舌头后缩，舌根稍微抬高一些，嘴角往两边咧开，露出牙齿。我们一起来：扁小嘴巴，e e e。（生练习发音）

五 // 口形游戏，辨 a o e

公鸡先生：请看我做口形。

1. 我把三个单韵母再读一遍，请小朋友注意观察我的嘴形变化。
2. 我的口形是从大到小变化的。
3. 小朋友再次齐读，边读边比画：张大嘴巴 a a a，嘴巴圆圆 o o o，嘴巴扁扁 e e e。

六 // 借助动作，学习四声

白鹅先生：请看我的动作，我们一起学四声。

1. 学习四声。

（1）学习 a 的四声。

第一步：（出示四幅小轿车图，对小朋友们说）"现在，开来了一辆调皮的小轿车，在 a 的帽子上玩起了过山车。请仔细观察，小轿车的车头都是朝向左边还是右边？都是从哪边开向哪边？"引导小朋友发现小轿车的车头都是向右的，都是从左到右开的。

第二步：（唱儿歌）"汽车平走 ā ā ā，汽车上坡 á á á，汽车下坡又上坡 ǎ ǎ ǎ，汽车下坡 à à à。"

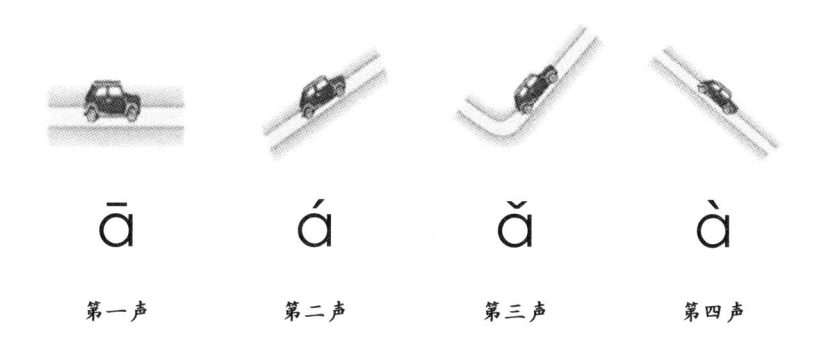

ā	á	ǎ	à
第一声	第二声	第三声	第四声

第三步：一边用食指比画四声的动作，一边嘴里念口诀——一声高高平又平 ā ā ā，二声就像上山坡 á á á，三声下坡又上坡 ǎ ǎ ǎ，四声就像下山坡

à、ǎ、à。

（2）学习 o 的四声。

老师做出"o"的嘴形，不发音，一直愣愣地站在那里，如一个木头人。小朋友们惊奇地发现老师变成了木头人，纷纷把目光看向老师的嘴巴。

这时老师开始发音：ō、ó、ǒ、ò。"发现什么？""读 o 的四声的时候，老师的嘴唇都没有变！"

学着老师的样子，先做木头人，再发音。

（3）学习 e 的四声。

用双臂比画四声动作：一声平——双臂平展——ē ē ē；二声扬——一只手臂上扬——é é é；三声拐弯——上臂展成 V 字形——ě ě ě；四声降——一只手臂挥下——è è è。

2.联系生活，用带调的 a、o、e 组词。

ā　阿姨好！

á　啊！你说什么？

ǎ　啊？这是怎么回事？

à　啊，伟大的祖国！

ō　噢，我懂了。

ó　哦，是这样吗？

ò　哦！我明白了。

é　飞蛾、额头。

ě　恶心。

è　饿了、凶恶。

七 // 认四线格，规范书写

小姑娘：公鸡和白鹅先生教小朋友读 a、o、e 的四声，我来教大家写 a、o、e。

1.认识四线格。

小朋友，学习汉语拼音不但要会念，还要会写。

（屏显四线格）小朋友，这叫四线格：

这四根线构成了3层楼,最底下的是一楼,向上第二层是二楼,最上面的是三楼。单韵母 a、o、e 喜欢住在二楼里。

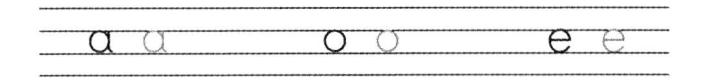

2. 指导书写 a、o、e。

(1) 显示 a、o、e 的笔顺规则及笔画数,教师讲解。

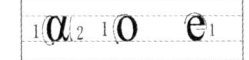

(2) 学生跟老师书空。

(3) 指导描红。

(出示小黑板:四线格中三组红色字母的范样。)

教师在黑板上描一个,学生跟着描红一个。

(4) 独立描红。(放轻音乐)教师巡视指导写字姿势及握笔姿势。

八 // 情趣收课,学生评教

公鸡先生、白鹅先生,还有小姑娘,哪位老师教得新颖、有趣、高效?(略)

/ 教学反思 /

新颖,意味着教学设计不是在重复过去完成时的经验,而是在创造正在进行时的新经验。《aoe》的教学设计，从启课的"故事导入"，到行课的"儿歌诵读""钢琴伴唱""口型辨音""动作辅音"以及"小姑娘、公鸡先生、白鹅先生"竞赛执教，再到收课的学生"评教"，整个教学设计都充满创意，令人耳目一新。新颖，不是为了新而新。新是一种创新，一种苟日新，又日新，日日新的教学创新。创新，是人的本质属性，诚如卡西尔所言，人并没有什么与生俱来的抽象本质，它只存在于人不断创造文化的辛勤劳作之中。因此，作为从事精神劳作的教师，其人性并不是一种实体性的东西，而是无限的创造性活动。

　　有趣，意味着与专心相连。《aoe》的教学设计的每一个环节，都是为了像磁铁一样吸附学生的心。由于小朋友的年龄特点的限制，他们专心能力稍弱，"正因为人的专心能力太弱，不能在许多地方仓促逗留而有许多成就，所以我们必须防止草率的逗留，想时而在这里，时而在那里有所作为。这种分心将使人格也黯然失色"（赫尔巴特）。所以，教学设计时我特别注意将兴趣体现为一种"具有耐心的兴趣"，譬如"aoe"的发音示范与练习，再如"aoe"正确规范的书写等，以此促使学生接受甚至忍受冗长中的单调与乏味。

　　实效，除了意味着真正能读会写"aoe"以外，还意味着尝试在课堂中种上"情绪比成绩更重要"的种子。一节有创意的课堂不仅气氛活跃，而且小朋友都喜欢。课堂上，也要关注成绩以外的因素，比如：学生能否积极参与活动。老师要关注学生的情绪、社交、互动技能等。如果学生不愿意主动去交流、做游戏、结交朋友，这时老师就要进行干预了，这比成绩更重要。"只有当人是完全意义上的人，他才游戏；只有当人游戏时，他才完全是人。"（席勒）在游戏冲动中，完满的人性得以实现，人成为了真正自由的人，人的人格与状态达到和谐一致。培养"完整的人"，难道不是我们教育的终极目标？

在教学时空里，每走出新的一步，都是美丽的风景。

巧借儿歌学声母

——部编教材一上《ｇｋｈ》创意教学

一 // 创编儿歌，学ｇｋｈ

（一）引编儿歌，认识ｇｋｈ

师：小朋友们这是什么？（投影鸽子图片）

生：鸽子。

师：一只白鸽——ｇｇｇ（出示声母ｇ）。

师：请看屏幕（投影胳膊图片）——

生：（脱口而出）一只胳膊——ｇｇｇ。

师：再看，这是什么呢？（投影蝌蚪图片）

生：（高兴）一群蝌蚪——ｋｋｋ。

师：先看图（分别出示一只贝壳、一颗露珠、一棵大树图片），再用上ｋ，说一说。

生：一只贝壳——ｋｋｋ。

生：露珠一颗——ｋｋｋ。

生：大树一棵——ｋｋｋ。

……

（出示乌鸦喝水图片——ｈｈｈ，然后请学生结合生活用上ｈ说一说。）

生：爸爸喝茶——ｈｈｈ。

生：弟弟每天乐呵呵——ｈｈｈ。

师：能不能用ｇｋｈ自编一首儿歌呢？

生：哥哥——ｇｇｇ，口渴——ｋｋｋ，喝水——ｈｈｈ。

生：ｇ像数字9——ｇｇｇ；ｈ像靠椅——ｈｈｈ；扑克老ｋ——ｋｋｋ。

师：老师也来一首儿歌——"小白鸽，天上飞，小蝌蚪，水中游，白鸽、白鸽咕咕叫，蝌蚪喝水笑呵呵。"

（二）自编儿歌，练ｇｋｈ

教师要掌握ｇｋｈ发音要领，做到正确发音，标准示范。

1. 在发ｇ时，软腭上升，舌根隆起抵住软腭，气流因通路被完全封闭而积蓄起来，然后舌根下降，脱离软腭，气流迸发而出，爆发成声，声带不振动。

2. 发ｋ的阻碍部位和发音方式与发ｇ相同，只是在发ｋ时，冲出的气流比发ｇ时要强许多。ｇ是舌根不送气清塞音，ｋ是舌根送气清塞音。

3. 在发ｈ时，软腭上升，挡住气流的鼻腔通路，舌根隆起，与软腭之间形成一个窄缝，气流从窄缝中泄出，摩擦成声，声带不振动。ｈ是舌根清擦音。

4. 自编儿歌，练习发音。

（１）ｇ和ｋ发音练习。

哥挎瓜筐过宽沟，
赶快过沟看怪狗，
光看怪狗瓜筐扣，
瓜滚筐空哥怪狗。

（２）ｈ和ｋ发音练习。

画上盛开一朵花，

>花朵开花花非花。
>
>花非花朵花,
>
>花是画上花。
>
>画上花开花,
>
>画花也是花。

(3) g k h 发音练习。

>小花和小华,一同种庄稼。
>
>小华种棉花,小花种西瓜。
>
>小华的棉花开了花,小花的西瓜结了瓜。
>
>小花找小华,商量瓜换花。
>
>小花用瓜换了花,小华用花换了瓜。

二 // 创编儿歌,学拼音节

师:(出示西瓜图片)这是什么?

生:西瓜。

师:瓜,是怎样拼音的呢?

1. 出示三拼音节:g-u-ā → guā。音节由三个字母组成:g 是声母,在前边;u 是介母,在中间;ā 是韵母,在后边。由声母、介母、韵母组成的音节叫三拼音节,是我们今天要学习的新的拼音方法——三拼法。

2. 教师示范拼读:g-u-ā → guā。

3. 学生试着拼读。

4. 教口诀:声轻,介快,韵母重,三音相连,猛一碰。

5. 拼读三拼音节:学生自己练习,指名拼,开火车拼。

生:g-u-a——gua,南瓜的瓜。

　　g-u-a——gua,黄瓜的瓜。

　　g-u-a——gua,丝瓜的瓜。

　　g-u-a——gua,冬瓜的瓜。

g-u-a——gua，哈密瓜的瓜。

g-u-a——gua，傻瓜的瓜。

……

6.换声母（k、h）拼读。

7.学生创编儿歌：

瓜夸花，花夸瓜，瓜瓜夸夸花花，花花夸夸瓜瓜，花花瓜瓜夸夸，夸夸花花瓜瓜。

8.儿歌《说话》拼读。

> 小溪流说话，哗哗，哗哗。
> 小雨点说话，沙沙，沙沙。
> 小鸽子说话，咕咕，咕咕。
> 小鸭子说话，嘎嘎，嘎嘎。
> 小花猫说话，喵喵，喵喵。
> 小青蛙说话，呱呱，呱呱。

/ 教学反思 /

我们会心痛，会愉悦，会伤感，会兴奋，会伤心地发现我们的教学或许从来没有做到过完美，尽管完美是不存在的。我们甚至会在夜晚躺在床上时问自己，我教的是什么，我在教什么，我为什么要这样教？而这一切唯一的答案就是：这不啻是我们的工作，更是我们的志业。在现实与创课面前，我们应该永远觉得自己是个新来的。不论教书的年轮累积了多少圈，希望它永远不要丢失。因为，要生存就要变化，要变化就要成长，要成长就要不断地自我创新。创新就是在日常的教学中每一节课都不忘走新路,那样我们才会觉得人和时间都是渺小的,在渺小中又能找到教学时光的伟大。

在教学时空里,每走出新的一步,都是美丽的风景。无论有多少美丽的风景,总有看不到的风景在更远的远方。《小王子》里有一句话:人最重要的东西,最本质的东西,是眼睛看不见的。其实我觉得,不仅如此,世界上最重要的声音也是耳朵听不见的。你曾听见过耳朵没听见过的声音吗?"瓜夸花,花夸瓜,瓜瓜夸夸花花,花花夸夸瓜瓜,花花瓜瓜夸夸,夸夸花花瓜瓜。"孩子们创编儿歌的声音,你听见过吗?那种从心而来的创造,是一种生生不息之力,假以时日,必将汇成创造之海,汹涌澎湃、势不可挡。

> 我们的创课要追求"大师无技巧"的高度和境界——先需得法,中需有法,后需变法,无法之法乃为至法,最终走向"大师无技巧"。

创设情境学韵母
——部编教材一上《ao ou iu》创意设计

一 // 图片创境,学习 ao

师:(出示奥运五环图)小朋友请看这幅画,图里是什么?

生:北京奥运会的五环。

师:"奥运会"的"奥"就是复韵母 ao 的第四声。(出示 ao)尝试读一读。(生读)

师:ao 是由两个字母组成的。发音时,从前一个字母 a 滑向后一个字母 o,口形由大到圆,一口气呼出,a 声响长些,o 音轻短,就可发出 ao 的音了。(生再尝试)

师:(示范发音要领)发 ao 时,先发 a,比单念 a 时舌位靠后,要发得长而响亮,接着舌头逐渐抬高,口形收拢、变圆,发出近似 o 的音,要轻短。(生练读)

师:ao 喜欢戴帽子,戴上四顶帽子,它就更漂亮啦。谁会给 ao 戴声调帽子呢?(指名上黑板标声调)

师：（标调歌）有 a 别放过，没有 a 找 o 和 e。

师：出来一幅图读一句。（逐一出示图片）

āo，āo，奥特曼动画片。
áo，áo，熬药能治病。
ǎo，ǎo，我有一件新棉袄。
ào，ào，澳大利亚。

师：谁能说一句话里面有 ao 的音呢？
生：我家养了一只藏獒，一到夜晚，它就嗷嗷叫。
生：妈妈说考试一百分也不能骄傲。
生：下雪穿棉袄。
……

二 // 生成创境，学习 ou

师：请听声音（播放海鸥的声音），猜猜是哪种鸟？
生：海鸥。
师：（出示复韵母 ou，示范发音）先发 o 音，很快地向 u 滑动，o 重 u 轻。
生：我来发音——ou。
师：读得很标准，为什么？
生：我姓欧。
师：请教大家读。
生：（反应很快）不会读这个音的请站起来（有少数同学站了起来），请你们喊我的姓！
生：（站立的同学）ou。
师：你做老师，比我聪明！谢谢你的好方法！（生鼓掌）
师：拍手读儿歌。

小云骑牛去打油（yóu），
看到小友（yǒu）拍皮球，
皮球飞来吓了牛，
摔下小云撒了油（yóu）。

三 // 表演创境，学习 iu

师：iū，iū，什么 iū？娜娜的写字得了"优"。同桌表演，一个问，一个答。
生：iú，iú，什么 iú？（鱼儿水中"游"）
生：iú，iú，什么 iú？（我会狗刨"游"）（笑声）
生：iǔ，iǔ，什么 iǔ？（你是我的好朋友）
生：iǔ，iǔ，什么 iǔ？（朋友的朋友是朋友）
生：iù，iù，什么 iù？（马路行车要靠右）
师：（男生）爸爸喜欢喝啤酒。（女生）爸爸喜欢喝啤酒吗？
生：（男生）我会自己系纽扣。（女生）我会自己系纽扣吗？
生：（男生）我喜欢大黄牛。（女生）我喜欢大黄牛吗？
师：自由结合，诵读表演《欢迎台湾小朋友》。

一只船，扬白帆，
漂啊漂啊到台湾。
接来台湾小朋友，
到我学校玩一玩。
伸出双手紧紧握，
热情的话儿说不完。

师：我们今天又交了 3 个复韵母朋友 ao ou iu，给他们戴上声调帽子还认识他们吗？齐读。
生：āo áo ǎo ào；ōu óu ǒu òu；iū iú iǔ iù。
师：一起学学复韵母标调儿歌。

> 有 a 就标 a，
> 没 a 找 o e，
> iu 并列标在后，
> i 上标调要摘帽，
> 轻声不用标调号，
> 小朋友们要记牢。

师：我们不但要读准发音，还要会写呢！（范写）请小朋友们伸小手指跟老师一起书空 ao，先写一个 a，再写一个圆圆的 o；再写 ou，o 写饱满，u，竖弯，竖；最后来写 iu，i，一个小竖，上加一点，接着写一个 u。

（生拿出《习字册》，描一个写一个，并注意写字的姿势，做到三个一。）

……

教学反思

教学情境，是指教师在教学过程中创设的情感氛围。创设教学情境旨在激发学生的情趣，启发学生的思维，触发学生的创新。创设情境的策略与方法很多，因人因课而异，教学《ao ou iu》时，笔者借助多媒体，利用直观教具、音乐渲染、即兴表演、游戏活动等创设情境，充分调动了学生学习的主动性和积极性，提高了学生的学习实效。

创设教学情境需要一定的技巧，但不要囿于技巧。诺奖得主福克纳说：如果作家对技巧这些东西那么感兴趣的话，就让他去做手术或者砌砖吧。不存在什么让你完成作品的机械方法，这没有捷径。年轻作家如果紧随某种理论的话，那就太过愚蠢了。你的错误才是你的老师，毕竟人们只会在错误中成长。

福氏箴言具有普适性，不啻适用于对如何看待写作技巧的警示，同样也适用于对如何追求"教学技巧"的警策！如果一味地追求所谓创设教学情境的技巧，就会迷失于技巧。一个意愿超越自我的老师，设若走进为了"技巧而技巧"的误区，将贻误整个教学人生！古云："大师无技巧。"譬如国画：先需得法，中需有法，后需变法，无法之法乃为至法，最终走向"大师无技巧"。所谓大道无术、大道至简，说的也都是"大师无技巧"的高度和境界。有时我们教学的术太多，难出大师。志存高远的教师，其教学难道还要一味求术？

> 有些时候，公开课上得宛如花样滑冰一样行云流水，太溜了。正是这种被期望的"溜"，使得教学真正遭遇问题的时候，执教者往往"老虎吃天，无从下口"。怎么办？

拼音教学遭遇"沃尔玛"

——"m—a 音节拼读"的创意教学

上课是在特定时空，教师和学生共同遭遇学习中出现的问题。只有真实地暴露问题，才有助于更好地解决问题。遗憾的是，在当下目之所及的公开课中，敢于真实暴露问题的教学，实属凤毛麟角。君不见，那些巧妙屏蔽了一切问题的各路公开教学，经过运筹帷幄、秣马厉兵，教学流程修炼得行云流水，宛如花样滑冰，太溜了。正是这种被期望的"溜"，使得教学真正遭遇问题的时候，执教者往往"老虎吃天，无从下口"。这不，前不久，笔者便亲历了"拼音教学遭遇'沃尔玛'"的一幕：

师：（苦口婆心地领着一个学生拼读音节）m—a，马。
生：（脱口而出）沃尔玛。
师：（有点儿不耐烦地又来一遍）m—a，马。
生：（怯生生地）沃尔玛。
师：（厌烦夹杂着恼怒）什么沃尔玛？（说着把粉笔头朝孩子砸了过去，学生下意识地用胳膊一挡、身子一倾，众学生一片哄笑。）

……

"拼音教学遭遇'沃尔玛'"，教学完不完美并不重要，重要的是真实。真实地暴露了一些教学问题。

首先，它真实地暴露了执教老师的自控力薄弱问题。自控力是区分一个人文明程度的良好指标，克制不止是理性，简直是一种行为艺术。

这位教师"把粉笔头朝孩子砸了过去"，这种"不克制"也是一种"行为艺术"，一种无遮蔽的"行为艺术"。它曝光在众目睽睽之下。退一步讲，即便无人听课，也不该存在侥幸。奥威尔在《1984》开篇描述温斯顿的生存处境时说过一句话，对于这课堂的"砸粉笔头"也适用："你发出的每一个声音，都是有人听到的，你做出的每一个动作，除非在黑暗中，都是有人仔细观察的。"

其次，它真实地暴露了一种师生关系。若师生处于一种注射与被注射的关系，即便再美好的"期望"也会演变成一种"暴力"。期望就成了学生必须按照老师的意志行事，也就是把"我"的意志强加于"你"。若你达不成我的意志，我则不能容忍，进而会恼怒、惩罚……正向的师生关系，意味着一种"春风又绿江南岸"的生命唤醒。唤醒的种子，处处勃发生命力。

再者，它真实地暴露了执教者缺少"灵机一动"的创变心力。

山不转水转，水不转云在转。

其时，在"学生一片哄笑"声中，坐在"沃尔玛"（姑且这样称呼把音节m—a拼成沃尔玛的学生）同学身旁的我，第一时间站起来，微笑着帮执教老师摆脱困窘，旋即向在场的学生"求援"："同学们，谁来做一下老师的'助理'，帮帮我们的'沃尔玛'小朋友？"

一个女学生（暂称其为"助理"吧）迅速站起来，问"沃尔玛"同学："亲，你怎么那么萌，一下子想到沃尔玛呢？"

"我妈妈天天在沃尔玛上班，我家就住在沃尔玛附近。"

"我相信你能写出'沃尔玛'这三个字。"

"沃尔玛"同学果然歪歪扭扭写出了"沃尔玛"。

助理指着最后一个字，问："它是？"

"玛——""沃尔玛"同学大声读道。

"为你点赞！我们还没学过，你不仅认识，还会写。我们一起读读吧：m—a，沃尔玛的玛。"接着，助理向"沃尔玛"同学发出邀请，"你领我们大家读一读，好吗？"

"m—a，沃尔玛的玛！m—a，大马的马！"

"m—a，沃尔玛的玛！m—a，大马的马！"同学们异口同声！声音在教室里回荡，也在我的心里回荡！

……

如果说课堂教学宛如一棵树，会创造的教师就像一只站在树上的鸟儿，从不会害怕树枝断裂（出现问题），因为它相信的不是树枝，而是它自己的翅膀。

教学反思

1. 遭遇就是机遇。像拼音教学遭遇"沃尔玛"一样，一切教学中的"遭遇"都是创造性生成的良好机遇。教学时，我们往往本能地抗拒"遭遇"，因为我们习惯了"顺当"，一旦遇到磕磕绊绊，就觉得自己变愚蠢了，就会起抗拒感。每个人在那种自己现有的知识突然用不上的"遭遇"面前，都会懊恼。所以重要的东西不是学生制造了怎样的麻烦，而是我们在遭遇麻烦之前是被教导怎样直面麻烦的，是那个东西在作怪。

2. 机遇就是生成。生成意味着以变动反对静止，以差异反对同一，以异质反对同质。一个女学生（暂称其为"助理"吧）迅速站起来，问"沃尔玛"同学："亲，你怎么那么萌，一下子想到沃尔玛呢？"这就迎来了对话的机遇，这就生成了助理向"沃尔玛"同学发出邀请："你领我们大家读一读，好吗？""m—a，沃尔玛的玛！m—a，大马的马！"这就生成了学生教学生的教学场景。

第一章　拼音教学

3. 生成就是成长。生成是生命敞开与成长的关键所在。生命不是由预定的形式决定的，也不是某种精神外化的结果。因为，总是存在多种多样的生成的路线，总能产生前所未有的新的生命强度。某物之所是，取决于它所遭遇的事物，或者说，存在者不过是它自身生成的结果而已。生成的真正力量，不是受限于那业已变成的或已经实现的东西，而是通过感知在行动中所生发出来的潜在力量而受到鼓舞。所以，只有通过与他者的持续遭遇和向世界的无限敞开，生命才有可能成长——走向更高的强度和释放出更强的能量。

当然，创课是一个生成事件，永远没有结束，永远正在进行中，超越任何可能经历或已经经历的内容。这是一个过程，也就是说，一个穿越未来与过去的生命片段。

第二章

识字教学

> 识字教学要做到"理""趣"合一。"趣"要以"理"为基础，要以确保"科学性"为前提。"理"要以"趣"为切入，要以"学得进"为鹄的。怎样做到"理""趣"合一？请走进《创新设计，激趣识字》。

创新设计，激趣识字

——部编教材一年级识字创意策略举要

识字是阅读和写作的基础，是小学语文第一学段的教学重点，也是贯穿整个义务教育阶段的重要教学内容。在部编教科书里，生字以三种样态呈现：识字单元的集中识字；课文单元的随文识字；语文园地"识字加油站""趣味识字"里的板块识字。不同的生字样态，除了识记不同数量的生字外，还承担着与识字相关的不同任务：单元集中识字，需习得识字方法，以便学生今后迁移运用，形成识字能力，实现自主识字；课文阅读识字，需为阅读理解服务，帮助学生更好地进入文本，领悟文本内涵；语文园地里的板块识字，则提供了更多元的识字路径，感受识字的乐趣，发展归类识字的能力，最终指向生活运用。因而，部编教科书里生字所属渠道不同，教学目标指向就不同，教学设计的策略也应各不相同。下面是部编教材一年级识字创意策略举要。

一 // 生活启蒙，激趣识字

托尔斯泰说过："成功的教学所需要的不是强制，而是激发学生的兴趣。"兴趣源自生活。生活的外延与语文的外延相等。故，老师将学生熟悉的生活情境衔接所学内容引入课堂教学，学生就会更加努力自觉地掌握所学知识内容。

1.在教学《天地人》时，"天"和"人"两个字的字形学生比较熟悉，容易识记，相对来说，"地"的字形比较复杂，有点难度。怎样才能让学生更快更好地识记"地"呢？我的做法是让学生联系生活，回归自然，整体识记：

（1）来到操场，仰望蓝天，脚踏大地；在草坪上打个滚儿，躺在大地的怀抱，与大地亲密接触，获得一种生命体验。

（2）让学生尝试联系生活实际进行组词——土地、草地、泥地、天地、地方、地址等。

（3）学生再用带有"地"的词语即兴说话。

2.部编教材一下"识字加油站"——认识卫生间里面的物品名称，在教学时我们紧密联系生活，用学生已有的生活经验来促进生字的学习。

联系生活事物：

（1）"盆"字中的"皿"字底，你猜猜代表什么？

（2）你生活中见过哪些盆？你能用简笔画画一画这些盆吗？观察你画的盆，在形状上你有什么发现？

联系真实生活：

（1）在自己家卫生间里找到"牙刷、梳子、毛巾、香皂、脸盆"等生活用品，分别给它们贴上名称标签。

（2）从卫生间里的10个词语中任选几个词语，说一两句话。

（3）出示家里房间的剖面图，用"物品+用途"的形式自主编写识字小报。

学生在生活的情境中学习生字，兴趣盎然，识字教学得心应手、轻松愉快。

二 // 游戏互动，激趣识字

游戏教学顺应儿童好奇、好动、好玩的天性，具有交融性、活动性、愉悦性、社会性等特点，我们遵循铺情境为链，串游戏为珠，增进体验，发展思维，培育情感，情趣与知性共生的操作原则，让学生自主识字，提高识字效率。

1. 课前游戏识字：击鼓传"卡"。课前复习检查环节，我们将与复习有关的生字卡片分成几组同时发到学生手中，让他们在音乐声中进行传递，音乐停止时，手拿卡片的同学就要站起来教大家读那个字。如果不会读可以请其他同学来帮助。这样，学生在复习知识的同时不仅找到了互助互学的朋友，而且熟练了动手能力，提高了识字效率。

2. 课中游戏识字：勇闯"红绿灯"。全体参与，学生通过"开火车"的方式认读生字卡片，由听读的学生充当"红灯"和"绿灯"。当"开火车"的同学读对了，大家就亮出"绿灯"，齐声喊"过过过"；如果"开火车"的同学读错了，大家则亮出"红灯"，并齐声说"停停停"。这个游戏充分调动全体学生的积极性，也能在课堂上真实地反映出学生的识字情况，便于我们及时纠正，并有针对性地进行巩固。

3. 课后游戏识字：打牌游戏。学生自制扑克牌生字卡，在课后玩打牌游戏，边出牌边读出字音，再组词读（组词越多越好），谁先把手中的汉字牌打完，谁获胜。为了在此游戏中取胜，同学们会积极认字，有不会读的和不会组词的会主动想办法解决。这种游戏识字方法既可用于复习一课的生字，又可以用于复习一单元的生字。

三 // 授之以渔，激趣识字

授之以鱼，不如授之以渔，教给学生识字的方法，提升学生的识字能力，远比让学生掌握汉字本身重要得多。我们在识字教学中，要跟学生一起总结一些记字形的方法，放手让孩子去说，使其体验成功的喜悦，让学生在整个学习过程中能主动参与、积极思考以及大胆探究。在一年级识字教学中，我们创生了如下识字方法：

1. 儿歌法。读儿歌是低年级学生比较感兴趣的活动。教师可以根据汉字的特点，引导学生编一些适合儿童情趣和理解水平的歌诀，让他们反复诵读，使学生对字形产生直观形象，从而提高记忆字形的准确性。如："一个王姑娘，一个白姑娘，坐在石头上——碧""一点一横长，一撇到左方，一对孪生树，长在石头上——磨""一撇一横短，日子摆中央，折文扁扁写，撇捺才舒展——复"……

2. 字谜法。学生对字谜非常感兴趣，恰到好处地运用字谜帮助学生识字，也是行之有效的好方法。学生在猜字谜、编字谜的过程中，既识记了字音、字形，又理解了字义，同时锻炼了思维能力、语言的组织能力和表达能力，真是一举多得。如："三人同日去看花——春""一口咬掉牛尾巴——告""牛走独木桥——生""六十天——朋""没头就是早，早上长青草，牛羊见它乐，禾苗见它恼——草""十张口，一颗心，猜猜看，动脑筋——思"……学生猜谜语的过程就是识记生字的过程，这种识记不同于机械识记，是在积极的思维活动中记忆，印象非常深刻。此时，学生无论猜得出或猜不出，都会开怀大笑，感受到一种成功的喜悦。

3. 口诀法。每个汉字都是音、形、义的统一体。在具体教学的过程中，我们要根据每个生字的具体特点和儿童的心理特征，抓住音、形、义中的主要矛盾，有重点、有针对性地进行教学。"街"：行人两边站，土堆摆中央，街道有规则，安全不能忘。学生一听，一下子茅塞顿开，很快记住了字形。在课堂上编一些顺口溜，既可以调节气氛，又可以增强学生的记忆。在汉字中有一些形近字，字形非常相似，像孪生姐妹一样，使人难以辨认。学生一不小心就混淆了或是容易张冠李戴，这时候我会编几句充满童趣的顺口溜帮助学生加以区分。如："鸡、鸭、鹅——尖嘴鸡，扁嘴鸭，ｅｅ叫是大鹅""外、处——像外不是外，多了一长带（处）；处字不出头，出头到处走（外）"。又如为了区分"巳，己，已"可以编如下顺口溜：开口"己"（jǐ），自己的"己"；半口"已"（yǐ），已经的"已"；闭口"巳"（sì），巳时的"巳"。通过巧编顺口溜，把学生识字过程中的难点、疑点等难关一一攻破。正是有了教师的铺路搭桥，帮助学生寻找出隐含在汉字中的童趣，枯燥的识字教学才会变得妙趣横生。

4. 联想法。例如识字（一）当中《日月水火》这一课，我们引导学生观察课文中各插图，认识事物，了解各事物的形状特点。接着引导学生观察多媒体课件上古人所造的相应的象形字，让学生将图形与字相比较，从形状上了解相似处，认识象形字。然后，再引导学生观察各幅图下现代汉字的形状，将图画、古象形字、现代汉字三者综合比较，了解相似处和象形字与现代字之间的演化，最后通过拼拼读读来认识相应的现代字。这样的教学，培养了学生观察、想象和认字的能力，让学生了解古人造字的规律，了解祖国的汉字文化。最重要的一点是，先观察汉字，再联想事物，最后识记字形的学习象形字的方法已渗透在教学当中，为学生今后识记象形字奠定了方法基础。

5. 偏旁法。识字中，很重要的一块是认识偏旁，它将有利于学生更快、更多地识记汉字。部编教材在《大小多少》这一课中，安排学习"反犬旁"都和动物有关，我让学生在学了"反犬旁"之后，在书本里找找还有哪些字也是"反犬旁"的，学生找出了"狗""猴"。当天的回家作业还布置了这样一项：在你看的故事书中，也找一找"反犬旁"的字并认一认。第二天学生告诉我找到了好多带"反犬旁"的字，有："猪""狼""狐狸""猾"等。这样做，其实就是让学生掌握偏旁归类认字识字的方法，并用此方法去学习后面课文中的生字。时间长了，学生掌握偏旁和独体字的量多了，可以让学生学着把偏旁和独体字组合成新字，通过加一加、减一减、换一换等方法，如口＋门＝问，地－土＝也，把－扌＋父＝爸等，巩固所学生字，提高识字效率，熟练掌握偏旁归类识字的方法。

6. 语境法。汉字的学习永远离不开语文环境，我们要让学生知道每个字都不是孤立存在的，不同的字可以构成不同的词，不同的字词组成了不同的句子，表达着不同的意思。在课堂教学当中，我们应该让学生养成圈点生字的习惯，部编教材中每篇课文中的语言都很贴近学生生活实际，我们要根据不同的教学内容、语言材料，设计不同的教学方法帮助学生识字。在平时的教学中，我们都先让学生借助拼音熟读文中语言，粗浅了解课文的大致内容，然后再结合语言和生活实际识记字形，了解字义，接着让学生充分运用所学字词练习组词、说话，让学生在多元的语言环境中学习生字，丰富词汇、语言，引导学生创造性表达。如部编教材课文单元《秋天》这一课，我教学识记"秋"这个字时，除了简单的"加一加"的办法，还引导学生说一句话。有的说："秋天到了，树叶一片一片飘下来。"有的说："中秋节，我们全家吃月饼，看中秋联欢会。"有的说："秋天，一群大雁往南飞。"在一定的语言环境中进行运用，识字的效果是比较明显的：让学生用字组词、用词造句，让学生读短文、学说话等，尽量及时为学生创造练习和运用新字词的机会，使学生和学过的字词反复见面。这样既提高了儿童的识字能力，又发展了他们的言语综合能力。

7. 字理法。字理识字就是运用造字原理，依据汉字构字规律识字。部编版教材安排了两个专门的集中识字单元，同时在语文园地中专设栏目"识字加油站"，以丰富多彩的识字形式，如字理识字、传统蒙学识字、事物归类识字、儿歌识字，激发初入学儿童学习汉字的兴趣。我们教师要用好教材，引导孩子从字的源头学起，让学生知其形，晓其意，明了汉字的演变及其历史文化。

　　从汉字的构字特点来看，文字学上有"六书"之说。象形、会意与形声较容易为学生理解，教材对此作了相应的安排。一年级上册的《日月水火》《日月明》展示象形、会意的造字方法，增加趣味，又加深记忆。如《日月明》中"力"字的教学，我出示了"力"的字理演示图。力原来是古时候的一种翻土工具，古人们根据它的样子造出了"力"字。

　　一年级下册主要以呈现形声字的构字规律为主，如《小青蛙》《动物儿歌》和"识字加油站"中的"包字族"识字。《小青蛙》和"包字族"识字通过母体字"青""包"与不同形旁的搭配，构成不同意义的字，让学生了解形声字形旁表义、声旁表音的特点，在教学中，我们还可以引导学生按照例文"有饭能吃饱，有水把茶泡，有足快快跑，有手轻轻抱……"的句式来描述其他的字族。通过创编"字族儿歌"使学生形象地记住这些生字的偏旁特点。《动物儿歌》通过展示各种有"虫字旁"的动物名称，使学生继续体会这一规律。此外，像《姓氏歌》、"识字加油站"中的"加一加与减一减"，都体现了合体字的构字特点。

　　……

　　总之，一年级识字课的教学，需要老师教学时尊重教科书的编写意图，由易到难，不随意拔高要求，要注重创设情境，尊重学生在母语环境已有的语音、语义的习得基础，授之以法，注重迁移运用，鼓励学生在生活和阅读中自主识字，学生的识字能力就会得到显著提升，识字量的增加也就指日可待了。

/ 教学反思 /

　　识字教学，既要有正确的方法和策略，又要有趣味性，更要讲究科学性。要努力做到理趣合一，科学识字，才能提高课堂识字效率。

　　"理"指的是字理，即汉字的理据。汉字是表意文字，是音、形、义的结合体。从甲骨文到楷书，汉字经历几千年的发展与演变，造字方法主要可以概括为象形、指事、会意、形声等四种，其规律性十分明显。"立象以尽义"是汉字的主要特征之一，其每一个笔画或部件都是事物具体形态或状态的高度概括。例如，"田"字的形与义一目了然；"从"字，两个人一个在前，一个在后，表示了跟从的意思。像这样形、义联系明显的主要是象形、指事、会意类的汉字，它们都适宜于联想。而占汉字总数80%的形声字的形旁、声旁分别具有表义、表音功能，有音义两线索可循。这都说明了汉字是具有理据性的文字。汉字的理据性不仅表明汉字字形直接与语言中的音或者义发生联系，还说明了汉字本身便具有灵动的智慧，包蕴着丰富的文化内涵。

"趣"，左边是"走"，右边是"取"，本义是指追逐有利可图的目标；反之，不值得追逐则为无趣。后来，"趣"的语义得以发展，做形容词时，有"吸引人的，刺激兴味的"的意思，如"趣味、兴趣"等；做名词时，有"意向，意旨，兴味"的意思，如"妙趣、情趣"等。低年级识字中的"趣"一方面是指识字过程中兴趣、情趣与意趣的融合，即对识字活动充满兴趣，能充分感受汉字的情趣，有主动识字的意向和趣味；另一方面是指识字教学的策略和方法要灵活多样，符合学生的心理特征和需要，能激发学生学习汉字的浓厚兴趣，积极调动内驱力，以促进学生主动、高效地学习汉字。

"趣"要以"理"为基础，要以确保"科学性"为前提。"理"要以"趣"为切入，要以"学得进"为鹄的。换言之，科学教识字，必须做到"理""趣"合一，即能"看清"编写意图、文本特质、构字规律和儿童心理，充分体现识字方法的多样性、契合性、科学性和灵活性，设计各种有趣的活动，让儿童享受汉字学习的乐趣，感受汉字学习的情趣，体验汉字文化的智慧，最终实现科学识字与情趣识字的意向和趣味。

譬如，部编一年级下册的《古对今》是一篇传统蒙学识字课，选编自《笠翁对韵》。这一课里，有三个带有"日"字符的生字——"暮、朝、晨"。生活中，太阳在不同的位置，表示不同的时间。汉字中，"日"在字的不同位置，也表示不同的时间。教学时，紧紧围绕"日"字符的表意作用，创意设计课件，演示三个汉字的演变过程，结合讲解"日"字符的表意作用，增强了学习的趣味性和生字识记的科学性。

甲骨文"暮"字，形象地表现出太阳从草丛中落下去了，这是一天的傍晚时分，"傍晚"就是"暮"。教师再把"暮"字的演变过程一步一步呈现出来，定格在今天我们在用的"暮"字上。

甲骨文"朝"字，"日"躲到草丛中间了，草丛中间藏着一个太阳，而这时月亮还没有下去，这就是天刚亮的时候，是清早，清早就是"朝"。太阳一点点升上来，这个时候的天边非常漂亮，云朵被阳光映红了，这时的云霞就叫"朝霞"。

甲骨文"晨"字，日在最上面，太阳升上来了，人们要出去劳作了。"早晨"来了，新的一天开始了。

这三个生字，在课文的不同语句里先后出现，教学时要抓住生字的共性，把识字内容进行重组，围绕字符在汉字里特定的表意作用展开教学，不但帮助学生准确识记生字，而且对其内含的汉字文化也有了初步的了解，与蒙学识字课需要担当的文化传承也是极为契合的。

识字教学，要切实做到"理""趣"合一，教师首先得掌握一定的汉字学知识，研读《说文解字》一类的汉字学著作，然后根据具体的汉字，联系学生的特点和需要，精心设计适切的教法和策略开展教学活动，才能真正提高课堂识字教学效率。

> 兴趣总是一些隐藏着的能力的信号,重要的事情是发现这种能力。

让识字写字多些乐趣

——部编教材一上"语文园地一"创意设计

一 // 联系生活,学生教学生识字

1. 师:说说今天的天气。

2. 师:你们还知道哪些天气?

3. 师:这些表示天气的字(课件出示"识字加油站"中的字词),哪些是你认识的?哪些是你不认识的?

4. 师:认识的做小老师,教一教不认识的小朋友。(生自由组合教学生字,比赛哪位小老师教得快!)

5. 师:指导学生运用多种方法识记生字。

(1)按结构进行归类识字。左右结构的字:阴、阵、冰、冻。上下结构的字:雷。独体字:电、夹。(2)按部首进行归类识字。耳刀旁的字:阴、阵。两点水旁的字:冰、冻。(3)谜识字:大雨大雨真正大,盖过大田还不大?(雷)

二 // 走进字词句王国，师生读写游戏大PK

1.读记游戏大PK。出示大小写汉语拼音字母卡片，打乱顺序。小组合作，比赛谁先理出顺序（50分），谁读得正确（50分）。

2.读写大PK。

师：（课件出示"读一读，写一写"的生字，生字在不同的石头上排成一条弯弯曲曲的水上小路）同学们先自己读读这些字，看看你们发现了什么。

生：这些生字中有的是带有韵母an的，有的是带有后鼻韵母ang的。

师：这么多的字，小组的每个人都必须读准每个石头上的生字，才能顺利过河！否则，算失败！

（小组试读，相互检查读准字音，然后开始比赛。）

师：同学们读得这样准确，能写得漂亮就更棒了！

（学生自由练写，展评指导。）

3.学生与老师PK朗读。

师：请欣赏一幅美丽的图画吧。（课件出示《祖国多么广大》的插图）愿意和老师比赛朗读吗？

生：愿意。

师：我们先练习，然后再比赛。

（生练习把每个字读正确，读清楚。然后师生进行比赛。）

三 // 有趣的动物园，大象教书写，小兔教积累

师：同学们，我们来到了有趣的动物园。让我们进去看看，大象先生正在教小动物写字呢！（动画：大象示范写"白、回、国"。这几个字的笔顺规则：先外后内再封口。生练写。）

师：（课件出示：每个可爱的动物脖子上都挂着一个成语——"语文园地一·日积月累"中的成语）小动物们多可爱，你们只有读对成语，它们才会和你们玩！你们能正确读出这些成语吗？

（生自由练读，同桌互读，全班比读。）

四 // 学生和老师（爸爸妈妈）合作朗读

师：我们来聊聊天。生活中，你知道谁和谁好吗？（生自由发言）
师：我们一起来读儿歌《谁和谁好》……谁和谁好？
生：藤和瓜好，它们手拉手，不吵也不闹。……
师：已经和爸爸妈妈约好的同学，我们通过微信视频现场和爸爸妈妈合作朗读。（生兴高采烈合作朗读）

/ 教学反思 /

为什么要让识字写字多些乐趣？

让识字写字多些乐趣，旨在保护孩子原初的学习兴趣，避免孩子从"爱学"变为"厌学"。兴趣总是一些隐藏着的能力的信号，重要的事情是发现这种能力。兴趣是全部活动的动机，兴趣是一种黏合剂，兴趣又是注意力的唯一保证。上述课例设计，自然没有让幼年的儿童去适应繁重的课程，静静地聆听各种复杂的关于识字写字的基本知识，相反，他们真正的学习和成长发生在各种妙趣横生的活动中。

兴趣与自我的努力、严格的训练绝不是对立的，而是"你中有我，我中有你"地嵌套在一起。兴趣必须经由努力与积极的训练才能成为动机与责任——即"志趣"。课例中富有教育性的任务，既能唤起孩子们行动的意愿，又有能力支撑他们行动，这些任务既要求理智的努力，又有选择与判断。教学中最缺乏的恰恰是合宜的创意教学设计。如果任务过于容易，便没有充分的阻力唤起学生的思维；如果任务过于困难，教学的难度完全超出学生的经验，学生会不知从何处着手，也不知如何控制，他们自然会寻找阻力最小的事情，或者马虎地选择毫不费力的事情，懒散且倦怠，回避对自己的心智和能力的任何挑战。

让识字写字多些乐趣，要把握好兴趣、努力与训练内在张力的度。

"请给我一个创造性的读者，我的小说是为他而准备的。"纳博科夫的箴言开示我们追问，教材是为谁准备的？是为"创造性的教者"准备的。什么样的教者才是"创造性的教者"？请走进部编教材一下《猜字谜》的创意教学。

遨游"字谜乐园"

——部编教材一下《猜字谜》创意教学

一 // 谈话激趣，引入课题

师：小朋友们，汉字距今已有三千多年的历史，它是世界上最古老的文字之一。今天就让我们一起遨游汉字王国，来领略汉字的魅力，感受汉字的有趣和神奇吧。让我们一起走进"字谜乐园"（板书课题）。

（介绍"字谜"，学写"字"，朗读课题，读准字音。）

二 // 交流字谜，相互猜猜

师：交流一下课前收集的字谜，同学们互相猜一猜。
生：牛过独木桥。（打一字）
生：生。

师：说说怎样猜出来的。
生：把桥想象成"一横"，牛从上面经过，不就是"生"吗？
生：三人同日去看花。（打一字）
生：把三人组合，下面一个"日"，就是春天的"春"。
生：十月十日。（打一字）
生：用加法，先左右加，再下上加，就是"朝"。
师：小朋友爱动脑、爱动手、爱想象，猜得有道理。萌萌的！

三 // 合作表演，学猜字谜

师：（课件出示猜字谜：左边绿，右边红，左右相遇起凉风；绿的喜欢及时雨，红的最怕水来攻）先自由练习，再同桌互读，在朗读过程中，不断聚焦字音，读准之后，分板块关注字词。
生：（读第一板块词语）"红""绿"。
师：先说说哪些事物是红色的，再说说哪些事物是绿色的。
生：红花、红火、红领巾、红旗、红包等。
生：绿草、绿树、禾苗。
师：（出示禾苗图）认读词语：绿油油、碧绿。（出示干枯的禾苗图）听读古诗《春夜喜雨》中的一部分："好雨知时节，当春乃发生。随风潜入夜，润物细无声。"此刻，再读谜语，能判断出这绿的事物就是"禾"。禾，喜欢及时雨。
生：（读第一板块词语）"相遇"。（同学表演"相遇"）
生：（读第二板块词语）"喜欢""怕"。（同学表演"喜欢"相遇与"怕"相遇）
师：谜底在反复朗读中，在合作表演中，快浮出水面了。到底是哪个字呢？第一步，判断这个字是什么结构。第二步，重点是"左右相遇凉风起"。
生："禾"+"火"=秋。

四 // 水到渠成，巧猜字谜

（课件出示猜字谜："言"来互相尊重，"心"至令人感动，"日"出万里无云，

"水"到纯净透明。生朗读这一则猜字谜,要特别关注并读准其中的后鼻音。)

师:(出示词语)万里无云,纯净透明。

(生反复朗读,读出天空与流水的美妙。)

师:再读谜语,明白"言""心""水"转变为对应的偏旁。

(生通过图示理解四个偏旁部首与"青"可以组合成:请、情、晴、清。)

师:最后,我们一起猜字谜。

十五天(打一字)——谜底:胖。

削去朽木加工就妙(打一字)——谜底:巧。

妇女解放,翻身向上(打一字)——谜底:山。

两层楼,六间房,两根烟囱一样长(打一字)——谜底:曲。

减少一个,孤独一人(打一字)——谜底:从。

九号(打一字)——谜底:旭。

多一半(打一字)——谜底:夕。

正月无初一(打一字)——谜底:肯。

一来再来(打一字)——谜底:冉。

床前明月光(打一字)——谜底:旷。

重逢(打一字)——谜底:观。

……

生:猜字谜真好玩!

/ 教学反思 /

猜字谜不仅能提高学生识字的兴趣,而且能帮助学生识记字音、字形,理解字义,同时能帮助学生了解汉字的构造,体会汉字的精妙,激发学生的想象,锻炼学生的思维,提升学生的审美,挖掘学生的潜能,激发学生的创造……可谓一举多得。

  猜字谜不是为了猜而猜，而是通过猜而造——"造字"。孩子的"造字"，也是"惊天地"的大事，这是他们的人生第一次创造。我们的教学要让学生晓得，创造并不神秘，也非高不可攀，有时不过就是加一加，一如上文案例中的"禾＋火＝秋""讠＋青＝请""氵＋青＝清""日＋青＝晴""忄＋青＝情"，又如我们生活中的创造"饮料＋酒＝鸡尾酒""电话＋电视＝微信视频"……"加一加"思维，是一种创造性思维。如果说创造是一棵树上的果实，那么，"一棵树的果实的滋味并不依赖于周围的风景，而依赖于无法看见的土地的养分"。我们创意教学猜字谜，不就是为孩子的创造性思维提供一种"土地的养分"？当然，上文案例猜字谜的创意教学只是万千创意教学之路中的一条路。"你有你的路，我有我的路。至于适当的路、正确的路和唯一的路，这样的路并不存在。"（尼采）但是，总有一条属于你的路，那就是创课之路。

> 读帖，是习字之基，是写字必经之路。写字教学中，不仅要让学生"埋头"写字，更要注重指导学生"抬头"读帖。……只有察则以眼，拟则以手，贯之以心，手、眼、心"三到"，才能把字写好。

写字，始于"读"字

——部编教材一年级写字创意设计

写字，始于"读"字。所谓"读"字，即"读"帖，这里的读，并非出声去读，而是"观"。即学生在动笔写字之前对所要写的字进行一番全面观察、体味：既要有整体结构的把握，又要有细节的揣摩；既要熟悉字形，又要琢磨用笔规律。只有明了笔画和结构特点，将它们观之入眼，铭记于心，做到成"字"在胸，然后去临习，才能使眼中字成为手中字。

部编教材一年级共安排 300 个要会写的字。写字的编排体现书写规律，由易到难，由简单到复杂，以降低初学者的学习难度。初学写字的一年级小学生要在写字之前有目的地去观察书写对象，圈圈笔画的细微之变化，画画各部件间的布局安排，让符号化的汉字形象化，让构字特点具体化，入眼入心，才能清清楚楚落笔写字。

一 // 画一画，"读"结构

间架结构是指笔画搭配、排列、组合成字的形式和规律。读结构，要把握整体，注意联系。独体字要提醒学生关注字的外形特点，如一上《秋天》一课中的"人"和"大"字呈正三角形。在写字前，将这两个字一起出示，带着学生画一画这两个字的外形。这样一画，汉字的外形轮廓就更具体了，学生练写时对字形的把握就有明确要求。写完之后，让学生给自己写的字画一个轮廓，自我检查后，再练写一次。带着清晰的目标，精写精练，书写质量显著提高。

合体字由两个或两个以上的部件组成，常见的有以下几种基本的结构：左右结构、上下结构、左中右结构、上中下结构、全包围结构、半包围结构等。读字时要清楚各部件之间的关系。如在一下《小公鸡和小鸭子》一课中，"他、河、说、地、听"这五个字都属于左右结构中的左窄右宽，我用幻灯演示"他"左右两部分在田字格中所占的位置，这个字左窄右宽的结构特征学生便一目了然，接着我又请学生再去找一找、画一画，这一课中还有哪些字也是这种结构。在动笔画一画的读字过程中，其实已经完成了对几个字形结构的整体把握。有了这样的深入观察，学生练字时对字形结构的把握就更清晰了。

二 // 点一点，"读"起笔

读字要读好"起始笔"，也就是我们通常说的起笔。起笔精准与否，决定了一个字的形态走向，最终影响这个字是否美观。读字时要注意起笔在田字格里的位置、方向、长短等，然后以此为参照，依势而行。很多时候，学生写的字在田字格里位置偏移、形态失真、结构失衡，是因为没写好起笔。如一上《口耳目》中"手"字的教学，在学生没有读字、老师没有示范的情况下，让学生自己先试写一个，结果是可以预见的：第一笔撇的位置过于靠下，以至于整个字都堆积在下半格。我就以学生失败的尝试为教学的起点，让学生仔细观察"手"字的起笔位置，并在要写的空白格子里找一找、点一点，便于书写时找准起笔的位置。最后通过两次书写成果的比较，学生意识到了找准起笔有多么重要。在教学下一课《日月水火》的"禾"时，再次引导学生在要写的格子里给起笔定位，找准位置点一点，做到心中有数，下笔不随意。起笔对一个字的重要性不言而喻，一笔到位，笔笔皆到位。定准起笔，学生就不会盲动，写好起笔、行笔、收笔，顺势而下，书写才能美观匀称。

三 // 圈一圈，"读"细节

笔画是汉字的最小部件。笔画不规范将直接导致汉字书写的不规范，汉字的美感也就无从谈起。在读字时不仅要读笔画的位置，还要看清笔画的基本形态，感受线条的美感。如：横平，两头重中间轻，要求学生圈一圈横的起笔和收笔；竖直，起笔要有力，圈画竖的起笔；撇有尖、捺有脚……其实汉字的基本笔画并不多，学生经过一段时间的圈画之后，笔画的这些细节变化他们早已熟知，不用圈心中亦自明。在一上《金木水火土》一课中教学长横时，为了让学生能更好地感受长横的笔画形态，我在学生读字的时候，辅以毛笔碑帖大字，长横的起收笔锋芒毕露，棱角毕现，给学生以强烈的视觉感受，增强学生对笔画形态细微变化的感知，下笔练字时就会有所追求。为此我还创编一些顺口溜：长横——用力一顿轻轻走，末尾一顿往回收；垂露竖——用力一顿直下走，慢慢提笔挂露珠；撇有尖，捺有脚，撇轻捺重要记牢……

四 // 比一比，"读"特点

1. 同中求异：发现字体的特点，形成清晰、准确的印象是读字重要的任务。读字时要引导学生反复观察对比，判断书写对象的异同点。如同样是横，有短横和长横之分；同样是捺，有平捺和斜捺之别；同样是竖，有悬针和垂露之异。这些细微的变化，在单个字中很难发现，但在成组的对比之中就能得到凸显，增强教学效果。如一下《四个太阳》一课中，"太、秋、金、为"四个字都有相同的笔画"撇"，但同样是撇，"太、秋"是竖撇，而"金、为"是斜撇。课件点红这四个字的"撇"，并让学生动笔在自己的书上描一描，比较有什不同。通过视觉观察和描红比较，学生发现了两点不同：撇的长短不同，竖撇较长，斜撇较短；撇的角度不同，竖撇较直，斜撇较斜。通过聚焦对比，竖撇和斜撇的细微特征被凸显放大，学生对撇的形态才会有更准确、更具体的感知，在写撇的时候才会有所区别、有所变化。

2.异中求同：横，是汉字中最为常用的笔画之一。经过一上的教学实践，我发现学生能写好这一笔画。但横在一个字中多次出现时，学生写的字横的布局就显得毫无章法，其中最大的问题就是横与横间距不均等。在一下《小青蛙》一课中，"青、清、气、晴、情、请、生"七个字都是横较多，虽然每个字中的横，多少不尽相同，长短也是各异，但每个字里横与横的间距都是均等的，于是我组织了一次有针对性的读字教学。为了让学生能直观地感受这种特点，在学生动笔书写之前我先写了一个横的间距不均等的"青"，再引导学生和书中的范字对比，学生一眼就能发现问题。然后再示范在横与横之间画小圆圈，最后学生发现这一课的所有生字，横与横之间的间距都是均等的。通过成组的7字对比，学生对横与横间距均等的认识肯定会比以往更加深刻，下笔练写就不会杂乱无章。

不管是同中求异，或是异中求同，通过反复观察比较，利用学生形象思维的优势化解汉字抽象符号的局限，加深学生对笔画、结构特点的认识，使学生在汉字书写中不断收获审美体验。

五 // 找一找，"读"规律

汉字的书写富于变化，但依然有规律可循。对于小学生来说，汉字的书写规律不能靠灌输，应引导学生主动发现，自主建构，最终能触类旁通、举一反三。在使用部编教材的教学实践中，我们根据写字表提供的汉字梳理出了如下几种汉字的书写规律：

1.撇捺和竖分上下。如：禾、水、来、本、木等字。在教学一上《画》中的"水"和"来"时，我就有目的地引导学生特别关注撇捺和竖的位置关系。读字时，我用尺子将这两个字的撇和捺末端连成一条水平线，再让学生观察：要想写好这两个字特别要注意什么？有了一条水平线的参照，学生的观察就有很明确的方向。有学生说：撇和捺不能超过竖和竖钩。另一个学生说得更形象：撇和捺就像妈妈身上穿的长裙子，但是可不能太长，长了就容易拖在地上了。再让学生在竖钩和竖的末端画一条水平线，此时一高一低两条线清楚明了。然后翻开《写字表》去找一找，看看是不是所有的撇捺和竖都是这样高低搭配。前面学过的"禾"后面还未学的"本、木、衣"，都符合这样的书写规律。最后再利用这个规律练写"水、来"。

2.左斜右斜，左直右直。如在一上《口耳目》一课中，横折的竖为什么在"口"字里是斜的，而在"目"字里却是直的？可引导学生仔细观察并画一画，发现这样一种现象：左边的竖是斜的，右边横折的竖也跟着是斜的，如"口"；左边的竖是直的，右边横折的竖也是直的，如"目"。然后师生一起归纳出"左斜右斜，左直右直"的书写规律，再到《生字表》中去找找这类字，看看是否也符合这个规律，最后根据规律指导学生练写"口、目"。

3.横遇撇捺收一收。如：天、大、太、木、果等字。这些字的横不能遮蔽撇和捺。只有认识到这一点，写的字才能舒展、美观。

4.上包下，左短右长。如一上《雨点儿》中的"问"字，它是属于半包围结构中的上包下这一类，书写时要注意的是，中间部分向上收，左右两边相比，右边稍长。《写字表》中符合这一规律的字还有：月、同、用等字。读字时用笔画一画，发现汉字的结构特点并把握规律，教一个字触及一类字，就很容易推及同类，实现内化迁移，促进对汉字书写规律的认识与积累。

一年级学生身心发展的特点，决定了写字教学必须细致、扎实，有充足的时间保障。圈圈画画读字，就是要用儿童乐于接受的方式，帮助学生养成细心观察、善于发现的好习惯，这是写好字的必备前提。因为"读"字是写的开始，眼中有字，了然于胸，下笔方能从容有度。当然，小学生读字能力的形成也不可能一蹴而就，需持之以恒地进行指导训练。

/ 教学反思 /

写字，从感觉途径上说是一种视觉艺术。在写字指导中，我们要重视引导学生学会观察，也即学会读帖。

1.写前读帖。引导学生学会观察字的点画形态和结构布局的特点，学会"看"。例如学写"地"字，要让学生观察到"地"字中的土字旁和"土"字在写法上是不同的（一个是"提"，一个是"横"）。这种"看"就是写前的准备，写前观察越仔细，范字在头脑中的印象就越深刻，书写起来自然就准确规范了。练字的七类基本笔画是：点、横、竖、撇、捺、提、钩。其中点有四个：右点、左点、相向点、长点；横有三个：长横、短横、斜横；竖有三个：垂露、悬针、短竖；撇有四个：平撇、斜撇、竖撇、短撇；捺有两个：平捺、斜捺；提有两个：平提、斜提；钩有五个：竖钩、弯钩、斜钩、卧钩、竖弯钩。这样共计23个基本笔画。在练习之前，我要求学生学会仔细观察，找出它们的规律和特征，使他们了解到其他的笔画及偏旁部首都可以通过这些基本笔画变化而来，这样掌握起来就简单多了，而且方便记忆，更能做到举一反三，触类旁通。

2. 写中读帖。写字中我们要指导学生力求把范字点画在田字格中的位置看清楚，在书写时做到眼到手到，不要写一笔，看一笔。在写字练习中，指导学生仔细观察，有助于他们逐步养成严谨的学风，敏锐的眼力。

3. 写后读帖。我们要求学生把自己写的字与范字进行比较，找出不足之处，当即进行修改。学生在这样的比较中，就能不断提高观察力、审美力和书写能力。

读帖，是习字之基，是写字必经之路。写字教学中，不仅要让学生"埋头"写字，更要注重指导学生"抬头"读帖。对一年级的小学生来讲，读帖并不是一"读"就懂，"读"后也不一定立竿见影。它有一个养成习惯和逐步提高的过程，而且应将读帖与临帖紧密结合起来，写前读，写中读，写后读，持之以恒，察之以精，拟之以似，正如清代包世臣在《艺舟双楫》中所说："拟进一分，则察亦进一分，先能察而后能拟，拟既精而察益精。"这样，察则以眼，拟则以手，贯之以心，手、眼、心"三到"，一定能把字写好。

找"人",在第欧根尼看来是一种哲学思想,在教师看来是一种教学思想。但是,"思想不能在词汇中旋转成现实。只有我们的实践才能决定我们问题的意义"(威廉斯)。让我们一起到识字的课堂里找到"人"。

识字的课堂里怎样找到"人"

——部编教材二下《贝的故事》识字创课

两千多年前,古希腊哲学家第欧根尼在雅典的街市上常常大白天也点着灯走路。人们诧异地问他:"你在干什么?"他说:"我正在找人。"

找"人"?我们的识字课堂里能找到"人"吗?

这是部编教材二下《贝的故事》的识字课,铃响课始,投影生字——"品",甲老师首先领读"'品、品、品',饰品的'品'",学生以相同的频率"学舌"——"品、品、品",饰品的"品"。然后是跟"我"读三遍——品,上下结构,上面一个口,下面两个口……接着发号施令:"集体背一遍!"最后指挥默写,默对的一百分,默错的写十遍。

像这样"铃声一响——赶鸭子;媒体一开——灌鸭子;试卷一出——'烤'鸭子;学生全变板鸭子"的课堂,只能找到死记硬背的"考试机器",鲜能找到充满创意的"人"。

甲老师们的课堂里分明找不到人,人们却浑然无觉,为什么?第欧根尼点灯都找不到"人",人们还迷惑不省,为什么?因为鱼是最后一个看到水的。

如果改变一下我们的识字课堂,还会找不到"人"吗?

同是教学"品"字,爱动脑、"慧"创意的乙老师是这样教的:

师:(投影"品"字)有认识这个字的吗?(一生举手)请你做小老师教教大家好吗?相信你比我有办法!

生(王):我叫王一品。请大家像老师一样喊一声我的姓名。

生:(郑重地)王一品。

生(王):不要喊我的姓了,像平时一样喊一声我的名。

生:(亲切、友好地)一品。

生(王):像妈妈一样喊一声我姓名的最后一个字。

生:(亲昵、爱怜地)品——

生(王):大家认识"品"了,我们一起到室外玩个拼字游戏吧。请大家躺在地上,每人的身体代表一个笔画,拼成一个"品"字。

(第一批12位同学在兴高采烈中分工合作拼成了一个"品"字。)

师:你们的游戏真好玩!我可以参加吗?)

生(王):欢迎老师!

(老师在"品"前横着一躺,地上顿成"一品"。)

生(王):我们在"一品"前再拼一个"品"字。

(第二批同学在"一品"前又躺成了一个"品"字。)

师:(躺在地上)大家都来"品一品",提出问题来的同学才有"品"!

生:老师,"品"字,为什么上面是一个口,下面是两个口?

师:(从"品一品"中走出来,地上只剩下"品品")我们一起来品品(倒了一小杯矿泉水,递给王一品),品品水的味道。

生(王):凉爽。

师:(拿出一块巧克力,递给王一品)请品品它的味道。

生(王):香甜,微微有点苦。

师:我们吃的喝的都是从哪里进去的?

生:嘴巴。

师:我们的大小便从哪里出去的?

生：（笑声）噢！（幡然所悟）我们明白了，"品"原来是指人体上面有一个口，下面有两个口。

师：管好这三"口"儿，防止病从"口"入，身体才健康，生活才健康。

……

教学反思

找"人"，在第欧根尼看来是一种哲学思想，在教师看来是一种教学思想。但是，"思想不能在词汇中旋转成现实。只有我们的实践才能决定我们问题的意义"（威廉斯）。在乙老师的课堂里，我们找到了人：找到了"教书教人，立己立人"的人；找到了自主学习的人——学生自己教自己；找到了合作学习的人——师生共同拼"品"字；找到了探究学习的人——"为什么上面是一个口，下面是两个口"；找到了快乐学习精神共赢的人——师生在欢快的游戏中共同赢得了精神成长的空间。

> 哈佛教授克里斯·德迪说:"对我们孩子做的最危险的实验,就是在全社会的各个方面都在发生戏剧性的转变时仍然用旧的方法来教育我们的孩子。"我们怎样从现在做起,从自我做起,创意设计,为写字教学增添一抹亮色呢?

写字教学的一抹亮色

——多媒体在写字教学中的妙用

干巴巴地进行写字教学,易于陷入枯燥乏味的境地,对于低年段的学生来讲尤其如是。因年龄尚小,自控力较差,注意力不够长久,再加上手指手腕骨节肌肉发育不成熟等,学生会觉得写字"不好玩""很辛苦",渐渐失去学习写字的兴趣。因此,在写字教学中,我们要根据小学生活泼好动,喜欢色彩和声画图像等心理特点,巧用多媒体手段,创作色彩明丽的图像,演示鲜活生动的动画,播放清新明快的音乐,激发学生的写字兴趣。

一 // 音乐渲染,激发兴趣

小学生活泼好动,而书法追求的是气定神闲,需要一颗平静的心,不能心浮气躁。写字教学中,我们不妨利用多媒体相机播放诸如《高山流水》《春江花月夜》等古典名曲,营造一种幽静和谐的写字氛围,让学生在神情愉悦中安安静静地写字。

二 // 媒体示范，训练双姿

所谓双姿，是指写字时的握笔姿势和坐姿。写字姿势正确与否，不但是能否写好字的前提，而且关系到学生的身体健康。养成良好的写字姿势，终身受益。在实践中我们发现，在指导训练学生的写字姿势时，除了传统的方法外，配以多媒体辅助教学，收效甚好。譬如，在指导写字姿势时，先播放一些正确的坐姿与握笔姿势的图片、小视频，让学生跟着多媒体学习正确的写字双姿，做一做写字韵律操，唱一唱《写字歌》。

通过双姿训练以及《写字歌》、韵律操的练习，使学生对写字要求有一个全新的认识，在寓教于乐中学习，进而养成良好的写字习惯。

三 // 动画范写，优化效果

动画范写，新颖独特，可以设计成手写体，起笔的停顿、折笔的顿笔在动画中都能有清晰的展示，动画中的书写也有手写的那种节奏感；动画书写的全过程，可以根据需要调节字体大小及颜色，学生看得更加清楚，因为没有了书写者身体的遮挡，更加一目了然。动画范写不仅直观形象，还有写字口诀同步提醒，牢牢地吸引了同学们的注意力。学生边看动画，边念口诀，边书空，视觉、听觉、运动感官同时参与学习活动，符合认知规律，学习效果良好。动画演示的字，是学生学习的生字，"再见面"便多了一种亲切感。学生在观察动画时，还会自觉或不自觉地把自己书写的字和动画的例字进行对比，这样，可以对学生的书写进行校正。一次，学生看到了"为"字的动画，惊呼"这样写啊！"原来动画的笔顺和他写得不一样——"先点后撇不倒笔"。有的学生常常写完"力"，最后写两点。学生写上下结构的字，如"青"字等，常常是上面写得松松垮垮，而下面写得很拥挤，"腿"显得很短。通过动画演示与对比，学生在轻松的氛围中，领悟了书写的要领。

总之，借助多媒体手段，开创写字教学新路径，特别是写字动画的创意设计，有笔顺的演示，有书写要领，教师教得轻松，学生学得愉快。适切运用多媒体，为写字教学增添了一抹新的亮色。

教学反思

设若一直沿用旧有的方法一成不变地教孩子写字是件"危险"的事情。哈佛教授克里斯·德迪说:"对我们孩子做的最危险的实验,就是在全社会的各个方面都在发生戏剧性的转变时仍然用旧的方法来教育我们的孩子。"因为陈旧的教学方式不利于创新人才的培养,不适应新的社会发展要求。故此,我们要改变旧有的教学路径,为创新教学增添一抹亮色。妙用多媒体于写字教学,就是对教学改革一种积极的建设性的创造尝试。

我们都可以为教学增添一抹亮色,关键在于坚持,即使我们改变不了整个的陈旧教学,也不要被陈旧的教学改变。我们可以做创新教学上最努力奔跑的一群人,永不懈怠。无数次在教学设计以及教学实践中把自己打倒,颠覆自己。无数次像鹰的重生那样,拔掉自己的羽毛和利器,从不故步自封,只为了成长得更强大,飞得更高。坚信下一个自己是最好的,坚信下一课是最有创意的。

有时我们过于看重创新的成果，却忽略了创新的过程；有时我们学习了太多具体的创意方法，却忽略了那些参与创新的人；有时我们太过强调创意的新颖性，却忽略了创意的实用性。"创新"一词在提出时并不是"创造"的同义词，而是用来形容一种活动的过程。练习书法就是这样一种过程。

字无百日功

——部编教材六上书法教学设计

"书有五家体，字无百日功"的说法自古流传至今。所谓"字无百日功"，意指只要下百日之功，就能见到一定的效果。王羲之在《笔势论十二章并序》中说："存意学者，两月可见其成，天性灵者，百日即知其本。"那么，书法教学中我们怎样学古不泥古，有创意地落实"字无百日功"呢？

一 // 调整教材，故事激趣

部编教材六上，"教学园地八"的"书法提示"板块，可以根据需要做相应的顺序调整，譬如调到开学初教学，旨在使学生的书法练习真正落实"百日功"。

教学中，可以故事激趣：唐代书法家柳公权小时候练字，曾拜"字画汤"为师。老师提笔写道："写尽八缸水，砚染涝池黑；博取百家长，始得龙凤飞。"

柳公权顿时开悟，回到家，马上研墨、铺纸练字。日复一日勤苦习字，手上磨起了厚厚的茧子，衣肘磨破补了一层又一层。此外，柳公权还从字外下功夫：人家剥牛剔羊，他在旁边认真观看并从中受到启发，他还观察空中大雁、水中游鱼、麋鹿奔跑、骏马脱缰，他简直要把整个大自然都融注到书法艺术中了。终于，柳公权的书法自成一派，我们也得以在课本上看到那瘦硬挺拔、骨力遒劲的《玄秘塔碑》(节选)。

"字无百日功"，谁坚持练字，谁定有收获！

二 // 与自己比，日日进步

要求学生每日一练，并把练习的字发到班级的微信群里，既有横比（同学与同学比），又有纵比（自己与自己比），特别是通过纵比，看出自己的进步，看清自己的成长轨迹，看到自己可以把字写好的信心！书法练习，既要追求结果，又要追求过程。过程的本身就是结果的一部分，没有过程的结果是不存在的。

三 // 用心练字，方法多多

练字的方法很多，并不是非得坐在桌子边，拿着笔往纸上写才能练字。方法太多了。比如说：看，把范字用手机拍下来，没事儿的时候多看一看；想，把要练的字的笔画、形态、结构等要点在脑子里过一过；划，用手（或用脑子）在任何地方（包括空气中）比划一遍……这都是练习。书法家们如果看到桌子上有点儿水，往往就用指头划两下。古人还有划穿被子的。

/ 教学反思 /

第一，我们为什么还手写书法？

中国汉字特有的书法艺术，在几千年的历史长河中沉淀着无尽的宝藏，无不传递着书写者的流转笔韵和道骨仙风。在纸质进化为电子的今天，敲击键盘的手指日益灵活，书写仍然是无可取代的恒久艺术。

冯唐在《无所谓》一书中说："因为手写有人味儿。"手握着笔，笔尖在纸上划过，发出窸窣的声音，留下飘香的墨迹。看到那些黑色的笔迹，每一笔，每一画，都散发着人的味道。"文字打败时间，手写给人温暖。"在一纸之上，我们能与文字进行深度的交流，能真正平静下来感受文字的力量。手写是人类基本的对话行为和极具表现性的艺术形式，因此不论是哪种文字，书写的意义和力量永远都会存在。

第二，我们练习书法是单纯为了让孩子"入体"吗？

我们让孩子练习书法，不是要让孩子入"颜、柳、欧"体，而是要让他们体验简单的快乐——一支笔、一张纸也就够了，同时要让他们彰显自己的个性——不同的人写的字不一样，书法就是"抒发"个性。书法和写文章一样，忌千人一面，万人一体。

第三，我们练习书法究竟是为了什么？

我们练习书法，就是要打破传统的王羲之、赵孟頫的书法体系，让书法从以书法为职业的书法家那里解放出来，成为万人的艺术。练字就是培养学生的美感。字，写得好看了，对于线条、形状、颜色、空间、文字等美感的重要组成就会有感觉了。"书法是万人的美女。"冯唐算是说了一半，休谟说出了另一半：美，不是"书法"本身的属性，而只存在于欣赏者的心里，最适合你的"书法"，才是世界上最美的"书法"。

第三章

阅读教学

"假如你面对一幅你从未见过的画,而不改变对某种东西的看法,那么,要么你是个固执的傻瓜,要么这幅画不太好。"这句话,其中的一幅画换成一节课也差不多。"天地"是最大的教室,"你我"是最活的教材。放飞孩子于天地之间,方可创造灵动生辉的教学。

放飞学生于天地大教室

——部编教材一上《天地人》创课教学

"天地人 你我他"。部编教材开篇第一课《天地人》简约到只有六字,着实让人耳目一新。

怎样穿新鞋,走新路,即利用新教材,上出新教法?创课打响了第一枪。

开学第一周,我们推门听课。

上课的是研究生刚毕业的一位姓李的新老师,她执教的便是部编教材第一课《天地人》。

"天、地、人,你、我、他",教材上的生字在屏幕上刚一投出,孩子们便熟络得像见到了老朋友,个个都能直呼"其名"。

"呀!呀!呀!你们早已认识了这些'朋友',"李老师很风趣,像大姐姐在逗小弟弟小妹妹开心,"接下去,我们干什么呢?"

"去操场玩!"一个男孩子根本没觉得这是上课,好像在家里任性撒欢。

"耶——耶——耶——"男孩的建议引"爆"了全班,孩子们群情激昂。

"好吧!"李老师顺时而为,运势而作,和全班孩子一起,小鸟般飞到了操场。

"我看到了'天',它是蓝色的!"李老师仰面而望,高声而呼。接着,她又低下头,欣喜道:"我看见了地。"

"它是黄色的。"李老师话音未落,学生便接过话茬。

"我看见了你们每一个人,他是……"未等李老师说完,一个女孩摇动羊角辫,马上接语:"他是无色的。"

"哦?好一个'他是无色的'!"李老师来到她的身边,躬身探问,"我没有颜色吗?"

"是的。"羊角辫女孩抬头望了望李老师,童声童气地说:"你第一次给我们上课,我是不认识你的,所以,你在我的心里是没有颜色的!"

"现在呢?"

"现在……现在你有一点儿'灵魂'的颜色。"

"为什么呢?"说着,李老师蹲下来,和她目光平视。

"因为我看到你的眼睛里有我,你的眼睛很漂亮,就像我的眼睛,里面有自己的灵魂。"羊角辫女孩见蹲在自己面前的李老师含情脉脉地看着自己,顺势追问:"李老师,我是什么颜色的呢?"

"你是我未来女儿的颜色!"说完,李老师揽她入怀。

……

"李老师,李老师,"一个男孩子见状,有点"邀宠"道,"我们一起玩个游戏好吗?"

"好啊!"

"我们每个人,都把自己站成一个'人',"男孩说,"我们对着天地喊,我是'人'!"

于是,操场上,一个个"人",一个个顶天立地的人,仰望天空,俯视大地,自由呼喊:"我是人!"

"请继续我们的游戏吧,"李老师相机把游戏引向纵深,"我把自己躺成'人'。"

操场上,孩子们也躺成一个个"人"。

"我们都是一样的人。"李老师说,"怎样摆个造型呢?大家想办法!"

同学们叽叽喳喳、七嘴八舌议论之后,在"人"与"人"之间,两个同学横躺成"等于号"。于是,操场上出现了"人"="人"="人"="人"……的造型。

李老师又说:"我们是一个人。"

于是,"一撇""一捺",师生一起躺成一个"人"。

接着,李老师和孩子们躺在操场上,用身体"写字","字形"不断变换:一会儿是"你、我、他",一会儿是"你=我=他",一会儿又是"人=你+我+他"……

……

下课了,孩子依依不舍离开了操场,李老师请孩子们回头望:"你发现什么不见了,什么还在?"

"'你我他'不见了……'人'不见了……'笑声'不见了……",孩子们说,"'天'还在,'地'还在。"

"我们每个人都是天地间匆匆的过客啊!"李老师微笑着对孩子们说。

……

教学反思

这节创课,有如下几点新突破:

1. 学习场域新突破。

传统意义上的教室,不再是学习发生的唯一场域。上文创课,解构了"教室",建构了学习场域。这种由教室到操场的学习场域,表面理解不过是一种物理空间的位移,本质意蕴却是一种人文空间的构建。只有心里装着学生的教师,才能体恤"民意",才能做到"顺时而为,运势而作"。创造新的学习场域,缔造新的学习境遇,必然焕发教学新思维与新创举。一如孩子惊人地发现"他是无色的";又如师生以地为纸,用身体"写字",共同创造"你=我=他","人=你+我+他"……学习场域新突破的本意不是让我们效颦这节创课,它旨在开示我们:为了实现一种新的教学可能,必须不断尝试不可能。愿我们教学人生中的每一课都出于"我愿意",而不是因为"我别无选择"。尽全力争取最有创意的创课,也有勇气放下"昨天的故事"。只有在素日的寂静处积累,才能在需要热闹的时候闪光。

2. 师生联结新突破。

"教学就是创造与学生的联结,"2018"美国年度教师"曼宁说:"'创造与学生的联结'是教师给学生提供卓越教育的根本。"

无疑,上文创课的最大亮点就是"创造与学生的联结"。

(1)老师从情感上"创造与学生的联结"。羊角辫女孩抬头望望李老师,童声童气地说:"你第一次给我们上课,我是不认识你的,所以,你在我的心里是没有颜色的!"显然,孩子口里的没有颜色就是心里没有感情的隐喻。师生感情是零基础。教师怎样与学生建立情感联结?对话。"因为我看到你的眼睛里有我,你的眼睛很漂亮,就像我的眼睛,里面有自己的灵魂。"羊角辫女孩见蹲在自己面前的李老师含情脉脉地看着自己,顺势追问:"李老师,我是什么颜色的呢?""你是我未来女儿的颜色!"说完,李老师揽她入怀。老师与学生以心交心的言语对话,以心印心的肢体对话,水到渠成地创立了与孩子的联结,发出了"你是受欢迎的,你是我需要的,你是值得我爱的,你是我心目中要生养的孩子"的美好信息。当然,对话是一个意外的相遇,更是一场探险。教师与学生因对话而联结,而生情,而开放,而融通,进而为在日后宽阔的世界中成为一个不狭隘的感情丰赡的有素养的人奠基。

(2)老师从情趣上"创造与学生的联结"。上文创课中,老师不是跟着自己的教案走,而是始终跟着学生的情趣走。孩子们说去操场,她就去操场;孩子们说玩游戏,她就参与游戏。正因为孩子们的情趣被激发,所以从上文课例的每一个教学环节中都能看到学生的潜能在迸发。

(3)老师从无畏上"创造与学生的联结"。显然,上文创课的新老师，没有任何前经验的束缚，这正有利于释放她的无畏。她灵动地让自己成为当面对教学情境不确定时的勇敢者，去寻求备课范围之外的经历与体验。她主动走出课前精心准备的"教材、教案、教法、教具"等诸多舒适区域，不断访问新地方，倾听学生的不同想法，分享学生各自的观点，师生变得更加包容开放，更有创造性与生命力。她无畏"创造与学生的联结"，让观课的我也满怀创课的希望与冲动，仿佛在离金字塔三四百米远的地方，我俯了下身，抓起了一把沙子，任由它在稍远处安静地流淌下去，我轻声说：我正在改变撒哈拉。尽管我能做的事是那么的微不足道。

（4）老师从创造上"创造与学生的联结"。这里的创造指涉本课开展的游戏。李老师说："我们是一个人。"于是，"一撇""一捺"，师生一起躺成一个"人"。接着，李老师和孩子们躺在操场上，用身体"写字"，"字形"不断变换：一会儿是"你、我、他"，一会儿是"你＝我＝他"，一会儿又是"人＝你＋我＋他"……这一现场生成的"创造与学生的联结"的游戏，使得教师和学生都成为了真正意义上的人。"只有当人是完全意义的人的时候，他才游戏；只有当人游戏时，他才完全是人。"（席勒）

3. 认识自己新突破。

有人问泰勒斯，何事最难为？他回答：认识你自己。（《哲人言行录》卷一）尼采也讨论过这个问题，在《道德的谱系》中，他针对"认识你自己"的命题说了一段话："我们无可避免跟自己保持陌生，我们不明白自己，我们搞不清楚自己，我们的永恒判词是：'离每个人最远的，就是他自己。'"

我们怎样才能离自己最近呢？换句话说，我们怎样才能在认识自己上有新突破？相信孩子，孩子天生就是哲学家。他们朴素的童真离自己最近。不是吗？李老师在和孩子一起玩"我＝你＝他""人＝你＋我＋他"的游戏中，更好地认识了自己——人，靠自己站立于天地间；人，就是每一个"你我他"；"你＝我＝他"，人人平等。其实，我们若能像这节课一样以朴素的情怀看待自己，对待他人，就是"认识自己"有了新突破。"我"不想改变这个世界的什么东西，"我"想拯救的只有我自己，"我"只追求一份灵魂的安详，只传递一份明白和清凉，再没有别的东西。事实上，每个人能做到的也仅仅是这样：拯救自己。但是每个人的救己，才是真正意义上的救世。

下课了，孩子们发现操场上的"'你我他'不见了……'人'不见了"，但是"'天'还在，'地'还在"。"我们每个人都是天地间匆匆的过客。""认识自己"启蒙的种子不知不觉播撒在了每个人的心中。

立于天地之间，仰望天空，我的心情更加朗润起来，无论那是碧空如洗还是彤云密布，满天星斗还是风雨飘摇。天空是无限的，它的影像从不重复，它是艺术。脚踏大地，我的心情更加平稳起来，无论是古往还是今来，无论是东方还是西方。大地是无私的，它种瓜得瓜，种豆得豆，它是大师。

对于一年级的孩子来讲，怎样唤醒他们"发现问题""提出问题""解决问题"的"问题意识"，同时培养他们不迷信课文，勇于挑战课文，进而修订课文的胆略与精神呢？

我和《棉花姑娘》的甜蜜"约会"

——部编教材一下《棉花姑娘》创课

部编教材一下第19课《棉花姑娘》第四自然段：

青蛙跳来了。棉花姑娘高兴地说："请你帮我捉害虫吧！"青蛙说："对不起，我只会捉田里的害虫，你还是请别人帮忙吧！"

"我只会捉田里的害虫"，难道棉花不是长在"田里"的吗？所以说，此句中的"田里"是一处隐性的用词"不严密"。

第二、三、四自然段：

燕子飞来了。棉花姑娘说："请你帮我捉害虫吧！"燕子说："对不起，我只会捉空中飞的害虫，你还是请别人帮忙吧！"

啄木鸟飞来了。棉花姑娘说："请你帮我捉害虫吧！"啄木鸟说："对不起，我只会捉树干里的害虫，你还是请别人帮忙吧！"

青蛙跳来了。棉花姑娘高兴地说:"请你帮我捉害虫吧!"青蛙说:"对不起,我只会捉田里的害虫,你还是请别人帮忙吧!"

构段方式是雷同的,甚至有些用语,譬如"对不起""你还是请别人帮忙吧"等是重复的。当然,我们不能一说到"重复",就想到辩护词"反复"或者"隔离反复"的修辞手法等。只要有一个读者有"异议",可能这段话就具有挑战的"缝隙",没有缝隙,"阳光"就不可能进来。哪怕是一线、一束、一米阳光,都可能使得教材上那些看似黯然的"疑无路"柳暗花明。

那么,对于一年级的孩子来讲,怎样唤醒他们"发现问题""提出问题""解决问题"的"问题意识",同时培养他们不迷信课本,勇于挑战课本,进而修订课文的胆略与精神呢?

创课教学,做出了卓有成效的探索与实操性的回答。回放如下片段,以飨同仁。

一 // 青蛙吃到了天鹅肉

师:你想娶"我"(师饰棉花姑娘)做你的新娘吗?
生:(饰青蛙,含情脉脉地)想。
师:青蛙想吃天鹅肉?
(生开怀畅笑,笑声朗朗。)
师:不过,青蛙有时候"能"吃天鹅肉!你得先给我治好病。
生:"我只会吃田里的害虫"。(学生显然是在背诵教材上的台词)
师:"本公主"难道是长在空中的吗?
生:(反应敏捷)"我只会吃田里的害虫"应该是"我只会吃'稻'田里的害虫"。
师:可以在课本的语句里加一个"稻"字。但是,你有点儿偏心,我不太想嫁给你。难道藕田里的害虫你不吃吗?
生:(又有孩子醒悟)"我只会吃水田里的害虫"。
生:"花"姑娘(笑),你愿意嫁给我吗?
师:那么能干的青蛙,不仅当水田的医生,还当"课文"的医生。青蛙已经吃到了天鹅肉。
……

二 // 是白马王子，不是编程机器人

师：本公主有了心仪的候选白马王子——燕子、啄木鸟、青蛙。可是，最近本公主身体欠安——长了虫子："请你帮我捉害虫吧！"

生：（燕子飞来了）"对不起，我只会捉空中飞的害虫，你还是请别人帮忙吧！"

生：（啄木鸟飞来了）"对不起，我只会捉树干里的害虫，你还是请别人帮忙吧！"

生：（青蛙跳来了）"对不起，我只会捉田里的害虫，你还是请别人帮忙吧！"

师：我的"白马王子"们，怎么个个都成了编程机器人呢？难道只会说"对不起"吗？

生：（燕子飞来了）"抱歉，我只会捉空中飞的害虫，你还是请别人帮忙吧！"

师：哦。

生：（啄木鸟飞来了）"不好意思，我只会捉树干里的害虫，你还是请别人帮忙吧！"

师：嗯。

生：（青蛙跳来了）"I am sorry，我只会捉田里的害虫，你还是请别人帮忙吧！"

师：哈哈！同一个意思，可以有不同样的表达。我的白马王子太棒了！你们是用词丰富的白马王子，不是编程机器人！

……

/ 教学反思 /

以上回放的创课教学片段，不啻是解决了部编教材一下第19课《棉花姑娘》的第四自然段"我只会捉田里的害虫"中"田里"的用词不当问题，也不啻是解决了第二、三、四自然段中诸如三次使用"对不起"的语言重复问题，更重要的是"建立了教师与学生的联结"（曼宁）——教师与学生的对话联结、学生与文本对话的精神联结。【师：青蛙有时候"能"吃天鹅肉！你得先给我治好病。生："我只会吃田里的害虫"。（学生显然是在背诵教材上的台词）师："本公主"难道是长在空中的吗？】它唤醒了学生的生命自觉，这种生命的自觉在那时那地的呈现，就是作为学习主体的学生有了对语言文字的敏感。【生：（反应敏捷）"我只会吃田里的害虫"应该是"我只会吃'稻'田里的害虫"。师：可以在课本的语句里加一个"稻"字。但是，你有点儿偏心，我不太想嫁给你。难道藕田里的害虫你不吃吗？生：（又有孩子醒悟）"我只会吃水田里的害虫"。】同时也唤醒了教师自己的生命自觉，作为教师，不是在"教学"，而是在"助学"——适时助推、适切助燃。【师：我的"白马王子"们，怎么个个都成了编程机器人呢？难道只会说"对不起"吗？生：（燕子飞来了）"抱歉……"生：（啄木鸟飞来了）"不好意思……"生：（青蛙跳来了）"I am sorry…"】不是窗未打开，而是风未进来。"忽如一夜春风来，千树万树梨花开"，整个教学环节——"怀疑""发现""批判""改进"，没有任何的独断独白、耳提面命、三令五申、强行注射，只有生命的唤醒、生命的自觉，"春风化雨花千树"。这种生命唤醒生命的对话艺术，一如水上写字，不留痕，然却无痕胜有痕。

课后，我问执教老师为什么如此创课，他说："这样创课，我和孩子都很解放，它让我们不再迷茫，不惧怕困难，不惧怕无意义，敢于和所有消极的情绪正面对抗，敢于站出来承担生活之中所有属于自己的责任。一劳永逸地解决了我以后生活中出现的所有'值不值得的问题'。""是的,为孩子能读到文质兼美的教材,我们的所有付出都是值得的。"我为他点赞,"你在创课中认识了创课,想必已经把创课当成了'情人',才有和《棉花姑娘》的甜蜜'约会'。"

其实,我们可以化用一下苏珊·桑塔格的箴言:课,要么是"丈夫",要么是"情人"。家常课有着一个丈夫的可敬品德:可靠、讲理、大方、正派。公开课,人们却看重他们身上"情人"的天赋,即诱惑人的天赋。譬如现场观摩《棉花姑娘》的创课,每个观课者或许都能够享受"情人"——公开课的一些品性,比如激情四射而当这些品性出现在"丈夫"(家常课)身上时,观课者可能不敢完全苟同。在教学生活中,"丈夫"和"情人"缺一不可。当一个教者被迫在他们之间做出取舍时,那真是天大的憾事。所以,托尔斯泰式的课是"丈夫",陀思妥耶夫斯基式的课是"情人";巴尔扎克式的课是"丈夫",司汤达式的课是"情人";奥斯汀式的课是"丈夫",勃朗特式的课是"情人"……然而,在我看来,真正的创课,是爱教材,创造性地用教材教,教出创造性的教材;真正的创课,是爱孩子,创造性地用教材教孩子天地人事,育孩子也育自己的生命自觉;真正的创课,是爱教材、爱孩子、爱"丈夫"、爱"情人",四位一体爱饱满。宛如上文对部编教材的一次"创课"——"我和《棉花姑娘》的甜蜜'约会'"。

> 我们要把"学生讲课文"当作一件同我们了解的世界没有任何明显联系的崭新的东西来对待,而且开始得越早越好。

放手让学生讲课文

——部编教材二上《植物妈妈有办法》创意教学

如果课文总是老师先讲,且一成不变,久而久之学生就会先入为主。如果第一步就走错了,接下去会越走越偏。我们要把"学生讲课文"当作一件同我们了解的世界没有任何明显联系的崭新的东西来对待,而且开始得越早越好。笔者试以部编教材二上《植物妈妈有办法》为例,浅谈一孔之见,以飨同仁。

"孩子们,如果现在一日三餐都是爸爸妈妈把面包掰碎了、嚼烂了喂你,"课始,我问学生,"你有什么反应?"

"难以下咽!""倒胃口!""恶心!""想呕!""我要绝食!"……

"如果每一天每一课每一篇课文都是我讲你听呢?"我话题一转,"实话实说你的感受!"

"和喂饭一样!""我想睡觉!""我会越来越讨厌语文课的!"

"那怎么办呢?"我佯装求援,"你们有没有什么好办法啊?"

"学生讲课文!"一个学生建议。

"好主意!"我顺势而为,"你们能讲讲《植物妈妈有办法》吗?"

生1:"孩子如果已经长大,就得告别妈妈,四海为家。"我喜欢这样的孩子。

但是，从"就得"看出孩子还是有点儿舍不得离开妈妈。如果写的是"孩子如果已经长大，就告别妈妈，四海为家"，就表明孩子是很爽快地离开妈妈的，连头也没回！

生2："就得"的"得"，用得有道理，因为虽然有点"不得不"的勉强，但是，"就得"离开是必须离开妈妈，不离开妈妈，就别想很好地活下去，换句话说，就有可能做不了别人的妈妈。比如，蒲公英的娃娃，"就得"离开妈妈，不离开妈妈，总是绑在妈妈身上，时间长了，种子不就干枯死了？

生3：蒲公英妈妈有办法，"准备了降落伞，把它送给自己的娃娃"。蒲公英妈妈好聪明啊！她"风中送伞"，送的是让孩子活下去的本领。

生4：蒲公英的娃娃好萌啊！好"娃"知时节，当"风"乃发生——"只要风轻轻吹过，孩子们就乘着风纷纷出发。"我仿佛看到了他们成群结队飞过洱海苍山，飞上玉龙雪山，飞到天上人间……

生5：其实，像蒲公英妈妈一样有办法的还有柳絮、木棉花絮……

生6："苍耳妈妈有个好办法，她给孩子穿上带刺的铠甲。只要挂住动物的皮毛，孩子们就能去田野、山洼。"苍耳的妈妈好"狡猾"，"她给孩子穿上带刺的铠甲"。"带刺的铠甲"是一种保护性武器。

生7：不怕苍耳妈妈"狡猾"，狡猾也是为了自己的娃。如果不穿带刺的"铠甲"，说不定自己的娃，就成了鸟的口中餐；穿上带刺的铠甲，就能"挂住动物的皮毛"，"去田野、山洼"。这个"挂"字，很能反映苍耳妈妈的聪明劲儿，因为她会"借力"！

生8：我觉得"挂"不如用"粘"好！因为"挂"没有"粘"牢固。

生7："粘"是牢固，但不容易掉下来，那么，苍耳的孩子就去不了"田野、山洼"。"挂"，比较容易脱落。小动物们抖动一下皮毛，就能抖掉挂在身上"带刺的铠甲"。

生9："豌豆妈妈更有办法，她让豆荚晒在太阳底下。啪的一声，豆荚炸开，孩子们就蹦着跳着离开妈妈。""晒"有热力；"炸"有爆力；"蹦"有弹力；"跳"有冲力。这"四种力"形象生动地写出了豌豆妈妈借力发力的高明办法。

生10："孩子如果已经长大，就得告别妈妈，四海为家。"我喜欢这样的孩子，更喜欢这样的妈妈。因为他们母子都懂得"断舍离"。

生11：植物妈妈有办法，懂得"断舍离"；我们的妈妈也有办法，懂得"孩子是我一生的牵挂"。那"慈母手中线",是儿行千里母担忧的"牵挂"。

生 12:我要把《植物妈妈有办法》读给我的妈妈听,她对我总是不放心。每日三餐,她得陪吃;每天夜晚,她得陪睡;每天上学,她得陪读;每次旅游,她得陪游。

生 13:我奶奶不舍得我爸爸离开她。奶奶跟我说过,爸爸 18 岁那年背着奶奶偷偷去当兵,体检都通过了,奶奶说什么都不让他走……因为就他一个儿子。"养儿防老。"奶奶说,"希望你以后也要待在父母身边,尽孝道……"

……

"听你们讲《植物妈妈有办法》,是一种美好的享受!"课尾,我与学生一起分享纪伯伦的《你的孩子不是你的孩子》——

你的孩子,其实不是你的孩子,
他们是生命对于自身渴望而诞生的孩子。
他们通过你来到这世界,却非因你而来,
他们在你身边,却并不属于你。
你可以给予他们的是你的爱,却不是你的想法,
因为他们自己有自己的思想。
你可以庇护的是他们的身体,却不是他们的灵魂,
因为他们的灵魂属于明天,属于你做梦也无法达到的明天。
你可以拼尽全力,变得像他们一样,
却不要让他们变得和你一样,
因为生命不会后退,也不在过去停留。
你是弓,儿女是从你那里射出的箭。
弓箭手望着未来之路上的箭靶,
他用尽力气将你拉开,使他的箭射得又快又远。
怀着快乐的心情,在弓箭手的手里弯曲吧,
因为他爱一路飞翔的箭,也爱无比稳定的弓。

教学反思

"请学生讲课文",或许有人觉得这太"荒谬"。爱因斯坦说:"如果一个想法一开始不荒谬,那么到头来它便毫无希望。"

"请学生讲课文",或许有人说它不够"完美"。山本耀司说:"完美是丑陋的。完美是秩序与和谐的呈现,是强制力的结果。自由的人类不会期望这样的东西。"

"请学生讲课文",或许有人说不是"真理"。马尔库塞说:"语言不可能展现真理的整全图景,因为能指本身就是对所指的分割。语言,或者说符号,或许真的只能传递真理的碎片。"

"请学生讲课文",是学生主动参与的创造过程。学生在阅读的时候思维活跃起来,有了创造性的参与,不再是被动地接受。对于一个创造性的学生而言,课文是为他而准备的。

"请学生讲课文",是教师主动构建的创课过程。对于生搬硬套、耳提面命的教师"灌输"与"注射"的课堂,我们总是希望能够逃离。我们要出发,去任何地方,不论是村庄或者荒原,只要不是那里就行。我们向往的只是不再见到这样的课堂这样的人,不再过这种没完没了的日子。我们应该做到的,是卸下我们已习惯的伪装,成为另一个我,一个能够主动构建与创课的我。

当然,我们知道,常态化、模式化的观念与课堂很容易被接受,而且不用思考就可以拷贝获得。我们希望自己不要被别人的教学规则或者模式僵化,不要为了"节约时间"或者"走捷径"而回避实践与思考。我们之所以这么努力,不就是为了不活在别人的教学评判和标准里,不就是为了掌握自己的教学命运,永远不要担心来自同行或者其他群体的压力吗?

直面创课,我们要竭尽全力地裂变,一寸一寸地开拓自己未知的教学疆域,一层一层地破茧而出,直至毫无保留地成为我们自己,而不是任何别的什么人。

记得卡尔维诺在《未来千年文学备忘录》中有段论述，我们可以化用：只要教学中学生的阅读还受到"先入为主"所造成的"污染"，我想我们就应该像珀尔修斯那样飞入另外一重空间里去。我指的不是遁入梦境或非理性中去，我指的是我必须改变方法，从不同的角度去看待教学，用一种迥异的逻辑，用一种面目一新的认知和实验方式。当然，除了教学角度转换，我们还需要通过增加或拿掉其中某些东西的方式，改变教学场域中的初始配置关系；又或许，我们更需要一种陌生的适时切换的塑造全人格的精神界面，完成愈加丰沛、更具活力的教学生成与脉动。

燕子在天空中做着我们只能向往而不能完成的事情。"要能像它们一样多好啊"……如果阅读让我们跟随燕子的律动，那不是因为我们开发了自身飞翔的能力，而是因为阅读在我们内部触到了这种能力的某种东西，是阅读创造了飞翔的能力。

愿我们的课像燕子一样飞翔

——部编教材三下《燕子》创意教学

开学第一天推门听课，笔者聆听的是部编教材《燕子》一文的教学。

执教老师开门见山："课文读过了吗？"

"读过了！"孩子们异口同声。

"请默读，批注，写下你的发现。"

此时无声胜有声，只见学生的笔尖在纸上跳舞。

十分钟过后，老师怂恿学生："交流你的批注，分享你与众不同的'发现'！"

第一个响应号召的男生，自信满满地站起来道："课文总共316个字，28个名词，25个形容词。如果抽去其中的形容词，一个个名词就成为葡萄干了。"

闻听"葡萄干"，室内爽朗的笑声一片。

"小燕子……叽的一声，已由这里的稻田上，飞到那边的高柳下了。"一个女生摇动羊角辫，说："像这样，通篇课文，都在表现燕子的可能，人的不可能！"

"哦！？"

看出同学们的茫然与疑惑，她进一步阐释："燕子在天空中做着我们只能向往而不能完成的事情。"

　　"每个燕子不知疲倦地急速飞翔，准确无误地练习在天空中签名。矫健的羽翼，蘸润蓝黑的墨，如此迅速，你写下自己！愿痕迹留存……"第三个同学站起来，说："我很喜欢法国诗人蓬热笔下的燕子，《在燕子的风格里》和郑振铎的《燕子》是姊妹篇。"

　　"一只燕子意味着什么？"第四个同学站起来挑战执教老师。

　　执教老师迟疑片刻，微笑道："我暂且不知道从哪里入手回答你的问题。能听听你的想法吗？"

　　"小燕子……叽的一声，已由这里的稻田上，飞到那边的高柳下了。"他说，"它意味着速度、力度，以及伴随自由飞翔的亢奋叫声；意味着它们与我们的距离和差异。"

　　……

/ 教学反思 /

　　这节课，学生的分享真是语出惊人。"燕子在天空中做着我们只能向往而不能完成的事情"，但正是燕子让我们懂得了飞冲的强度，让我们捕捉它的意义，也让我们体验感性的可能，甚至在自身内部激发同样的姿态——"要能像它们一样多好啊"……阅读实际上意味着尝试这种速度，感觉自己与其有可比之处。如果阅读让我们跟随燕子的律动，那不是因为我们开发了自身飞翔的能力，而是因为阅读在我们内部触到了这种能力的某种东西，是阅读创造了飞翔的能力。飞翔的形式随文本的流动发起或释放这种能量，给我们召唤，让我们惊奇，把我们带走，将我们移至他处，我们欣喜地回应，在这种形式中自我创造。

　　或许有人会说，这节课没有解词析句，没有概括主要内容，没有研究写作方法……"语文元素"不足。我们审视一个教学环节或者一节课是否具有价值的时候,不是要看教学是否符合了特定框架下的"某种标准",而是要看是否唤醒与启蒙学生具有独立思考的能力,同时学会具有包容与宽宥差异性的胸襟,哪怕这种"能力与胸襟"只占到1%,哪怕你看不懂,它依然是优秀的课例。

思想本身的差异性是很微小的,但就是那微小的部分可能开创未来。所以爱因斯坦在《论教育》一文中提出:"发展独立思考和独立判断的一般能力,应当始终放在首位,而不应当把专业知识放在首位。"因此我们的教学不能仅仅徘徊与留守在识记、理解、应用的低阶思维上面,而应当给予学生独立思考的空间——愿我们的课像燕子一样飞翔在分析、评价、创建的高阶思维的春天里。

> 一个人的审美是态度,是格局,是独有的灵魂,是不可复制的生产力。我们来到这世间相逢,只为向美好低头。所有美的事物,都值得慢慢思量、一生珍赏。

唤醒学生审美

——部编教材四上《走月亮》师生对话

"我们来到这世间相逢,只为向美好低头。"课始,我诗意导入,引领学生与文本对话,"所有美的事物,都值得慢慢思量、一生珍赏,一如《走月亮》。请大家用心品读课文,写下阅读批注,然后交流分享。"十五分钟的阅读批注之后,同学们各抒己见:

生1:初读课题"走月亮"有些莫名其妙,通读课文,我明白走月亮就是我和阿妈在月下散步。

生2:我觉得走月亮很好玩,很有趣。

生3:但是,走月亮有什么用呢?

师:走月亮有什么用呢?世间有趣之事,多为无用之事。九大雅事——焚香、品茗、听曲、赏雪、候月、酌酒、莳花、寻幽、抚琴,听起来都没啥用,但恰是中国文人雅士灵魂之慰藉。除了衣食温饱,再有些动情动心处方好,处处无用,无用方为大用。

生4:《走月亮》,很美!美,就是自己本来的样子。

师：是的。《走月亮》之所以美，在于它呈现了原汁原味的乡土气息。

生5：课文开头写道："秋天的夜晚，月亮升起来了，从洱海那边升起来了。"接着设问，"是在洱海里淘洗过吗？月盘是那样明亮，月光是那样柔和"。这一问，我仿佛看到有一双神奇的手，在为月亮沐浴、梳理、打扮。

生6：如果"淘洗"改成"沐浴"，我觉得这样写更有人情味。

师：同时也更有仪式感！你享有修改的权利，没有什么文章是不可以修改的，哪怕是课文！

生7：课文的第1至4节先写"月亮升起来了"，再写"月亮照亮了高高的点苍山，照亮了村头的大青树，也照亮了，照亮了村间的大道和小路……"，接着写"细细的溪水，流着山草和野花的香味，流着月光"，最后写"每个小水塘，都抱着一个月亮"。写作顺序很明晰：从下到上，又从上到下；从洱海到天上，又从天上到水塘。

师：我们读课文，就是要先"走进去"，再"跳出来"。"走进去"主要是理解课文"写什么"，"跳出来"主要是看看课文"怎么写"。

生8：一个月亮从洱海升起来，N个月亮落在小水塘里。我喜欢"每个小水塘，都抱着一个月亮！""抱"使得明月入怀，亲切、温暖、诗意、浪漫。

师：如果水塘边站着不同的人，"抱"在怀里的月亮可能就会不一样！

生9：如果小水塘边站着妈妈，水塘里的月亮就是我；如果小水塘边站着我，水塘里的月亮就是"考分"；如果小水塘边站着小伙儿，水塘里的月亮就是姑娘；如果小水塘边站着大羿，水塘里的月亮就是嫦娥；如果小水塘边站着霍金，水塘里的月亮就是"黑洞"……

师：千"塘"有水千"塘"月！月似故人来，有人不曾归！

生9：好美！

生10：读了课文的第6节，我觉得它像一幅田园山水画，有一种整体的朦胧美！白天，太阳把万物分开，清晰明朗，而夜晚，月亮却使它们汇聚，温馨浪漫。月亮象征着团聚和圆满，她是一面镜子，所有人都能够凝视自己。有些话只有在月亮下才能说出来！

师："白天，太阳把万物分开，清晰明朗，而夜晚，月亮却使它们汇聚，温馨浪漫。"你有一个了不起的发现——月亮的和谐之美与太阳的区分之美。

生10：是的。老师说得更有韵味。

生11："我和阿妈走月亮"，在课文中四次出现。月下美景连连，我和阿妈走走停停，边走边赏！

师：一人且独乐，二人且停停。我们每天奔忙，心随作者到了这苍山洱海、溪山明月中不妨停一停，看一看。让我们歇歇脚，静静心，养养神，回头看一看出发的起点在哪儿，向前看看终点是什么，过程本身也是有意义的。我和阿妈走月亮，路上的每一步，不都是美景？

生11：我和阿妈走月亮，走的是心情，走的是岁月，走的是美好！

生12：遗憾的是我们从小生在城里，常见的是鳞次栉比的高楼、灯火辉煌的夜晚，很少有机会能够观赏到月亮，和妈妈一起走月亮，在作业考试面前，简直是一种奢侈。读了《走月亮》，我呼吸到了一股清爽的气息，它清淡的喜悦俘虏了我。它绵绵我心，不张扬，低调侵略着我，日子越久，我越觉得它是在滋养我。

师：一代人有一代人的美好记忆，走月亮的美仍在那儿，并未消失，低吟浅诵《走月亮》，让我们回到清淡，回到最初的最初。我们享受着那份清淡的光阴。

生13："有时，却什么也不讲，只是静静地走着，走着。走过月光闪闪的溪岸，走过石拱桥，走过月影团团的果园，走过庄稼地和菜地……啊，在我仰起脸看阿妈的时候，我突然看见，美丽的月亮牵着那些闪闪烁烁的小星星，好像也在天上走着，走着……"我觉得世上最美的风景，就是我和阿妈一起走月亮！作者喝进的是清风明月，我喝进的是作者的美文！

师：我和阿妈一起走月亮。好时光都在生活里，都在日常里。哪有什么惊天动地，都是似水流年，最长情的陪伴就是最深情的告慰！

生14：多好啊！阿妈牵着我的手，我和阿妈走月亮。阿妈陪我慢慢长大，我陪阿妈慢慢变老！

生15：我和阿妈走月亮，真好！每个月夜，最隆重的方式就是我和阿妈一起走月亮。没有比这更动人的惊心动魄了。月光之下，我不需要谁来确认我的存在，我不再依赖考试排名来衡量自己，我成为了我自己，成为了一个人，一个真正意义上的人，一个有自由灵魂的人。

师：诺贝尔文学奖获得者黑塞曾说，"当一个人能够如此单纯，如此觉醒，如此专注于当下，毫无疑虑地走过这个世界，生命真是一件赏心乐事。人只应服从自己内心的声音，不屈从于任何外力的驱使，并等待觉醒那一刻的到来；这才是善的和必要的行为，其他的一切均毫无意义"。我和阿妈一起走月亮的童年，是梦中的真，是真中的梦，是回忆时含泪的微笑。我和阿妈一起走月亮，走过了一段最美的童年时光，走出了一段最美的人生记忆，走出了一种对生命最美的交代。生活就是这样，向美而生。

……

/ 教学反思 /

1. 师生对话最重要的是保护学生"主体"。

对话，是优质教学的本质性标识。我们的教学必须有对话，积极地对话。你我对话，假如你不能畅所欲言，我不能学到什么东西。相反，绝对自由的"主际对话"，我们之间所产生的东西永远是高于我们自己的，即"1+1＞2≈3"。我们对话，假如都有诚意，绝对是把我们最好的东西拿出来。对话之前，好的东西各自藏着；对话之后，好的东西不但发挥出来，而且可能会发生质变。一个人身上有着绝对的真，唯有通过真与真的交往、交汇，才能达到提升的地步。如果教学中只是独白，我吞并你，这样的二只会回归到一，更不会产生真正的三。"主际对话"，主体不只是教师自己，学生在教师对面，学生也是主体。我们要保护学生"主体"，如伏尔泰说的：我不同意你的观点，但我誓死捍卫你说话的权利。

2. 师生对话是追求文本意义的不确定性。

我们理解任何课文，总是从自己特定的视野出发去理解，因阅历差异与历史间距，不可避免地带有理解者的前见，甚至是偏见与误解。传统的解读总是要求克服甚至超越"现在"的障碍以达到客观把握作者或文本的原意。实际上这种摒弃"成见"、追求原意的做法，在伽达默尔看来，就是通过消除自我以达到客观的理解，是决不能存在的。教师与学生的前见不但不可少，而且是一种极为重要的创造性力量。我们理解课文，与文本对话，不是为了模仿、静止、同一，去追求终极真理和意义的确定性，而是为了生成、运动、僭越，去追求文本意义的不确定性。

3.师生对话要保持一种动态交互性。

动态交互性是指师生与文本之间处于一种对话交流的状态：师生的解读期待直指文本，师生的既有经验进入文本；而文本呢，则呈现一种开放性的召唤结构，它需要师生的参与，并在师生的参与中呈现意义生成的无限性。可以说，是师生的期待视野与文本的召唤结构在相互交融中创造出文本的意义。文本意义的生成，不是一种发现"原意"的过程，而是一种构建和创造"新生意义"的过程。读者以其文化视野与生活视野去填充、确定文本空白点和未定点的过程，正是一种创造过程。没有创造就不会有文本的意义。任何一个读者对文本的解读都是融会了读者的智慧、情感、批判、反思的反应过程，这一过程充满了读者与文本的共鸣与震撼，冲突与追问，对话与交流。文本的意义就是在这样的一个过程中得以创造与再生。

组文阅读，形成了密集而多样的精神行为相互间的竞争。每个阅读的生命主体都会从中受到鼓舞激荡，但同时也消散洒落于外界，摆脱了封闭，变得多维、灵动而又焕然一新。

引领学生组文阅读的教学设计

——部编教材五上《白鹭》创课教学

《白鹭》是部编新教材五上的开篇课文。笔者现将《白鹭》的新设计与新教学分享如下：

一 // 开放网络：走进古诗中的白鹭

师：看那雨后的燕子，剪着尾羽，时张时弛，我仿佛听见了钢琴的跳跃、欢愉、昂扬；看那山谷的苍鹰，盘旋展翅，扶摇俯冲，我仿佛听到了大提琴的喑哑、低沉、忧郁；看那稻田的白鹭，翩然滑翔，悠然钓鱼，我仿佛听到了小提琴的从容、优美、自尊……让我们走进《白鹭》。请分享一下你从网络上搜集到的有关描写白鹭的诗句。（生争先恐后吟诵）

两只黄鹂鸣翠柳，一行白鹭上青天。

——杜甫

西塞山前白鹭飞,桃花流水鳜鱼肥。

——张志和

漠漠水田飞白鹭,阴阴夏木啭黄鹂。

——王维

贪看白鹭横秋浦,不觉青林没晚潮。

——苏东坡

东风染尽三千顷,白鹭飞来无处停。

——虞似良

稻田水浅鱼能几,莫被泥沙污雪衣。

——赵希崱

雪然飞下立苍苔,应伴江鸥拒我来。

——陆龟蒙

何故水边双白鹭,无愁头上亦垂丝。

——白居易

花开红树乱莺啼,草长平湖白鹭飞。

——徐元杰

白鹭忽飞来,点破秧针绿。

——杨慎

白鹭下秋水,孤飞如坠霜。

——李白

众禽无此格,玉立一间身。

——丘葵

二 // 品读课文:走进散文中的白鹭

师:吟罢诗人笔下美轮美奂的白鹭,我们再来欣赏文学大家郭沫若笔下那韵在骨子里的《白鹭》。

1. 范读:教师范读课文。
2. 练读:学生练读课文。
3. 概括:学生紧扣课文首尾句,概括主要内容。

("白鹭是一首精巧的诗,一首韵在骨子里的散文诗。")

4. 练说:学生速读第2—5节,用"因为……所以"来说一说"白鹭是一首精巧的诗"。

生:因为"颜色的配合,身段的大小,一切都很适宜""那雪白的蓑毛,那全身的流线型结构,那铁色的长喙,那青色的脚,增之一点儿则嫌长,减之一点儿则嫌短,素之一忽则嫌白,黛之一忽儿则嫌黑",所以说白鹭是一首精巧的诗。

5. 品读:课文在描写"白鹭是一首精巧的诗"时,最为精巧的一笔是"那青色的脚,增之一点儿则嫌长,减之一点儿则嫌短,素之一忽则嫌白,黛之一忽儿则嫌黑"。

(1) 猜测:郭沫若怎么能把白鹭的脚描写得如此细腻呢?

(2) 对话。

师:先读读战国楚辞家宋玉在《登徒子好色赋》中,描写一个美女肖像的句子:"东家之子,增之一分则太长,减之一分则太短;著粉则太白,施朱则太赤。"再读读郭沫若笔下的白鹭:"那青色的脚,增之一分则嫌长,减之一分则嫌短,素之一忽则嫌白,黛之一忽则嫌黑。"然后议议自己的想法。我觉得郭沫若把白鹭写得出神入化、美轮美奂,真可谓神来之笔、匠心独运啊!

生:郭沫若先生的描写算不上"独运",因为他是模仿楚国辞赋家宋玉的《登徒子好色赋》中描写美人的句子。

师:我想谈谈对"模仿"的个人看法。"疏影横斜水清浅,暗香浮动月黄昏。"当我们吟诵宋代诗人林逋的诗句时,有谁会想到它是"模仿"五代南唐江为的"竹影横斜水清浅,桂香浮动月黄昏"?当我们拜读莎士比亚名剧《奥赛罗》时,又有谁会想到它出自意大利钦蒂欧的《夫与妻之不忠实》?艺术不是无源之水,任何一个民族,任何一个时代,任何文学作品都是在前人基础上发展起来的,其中有继承,有创新,成功的"模仿"应该在原句的基础上别出心裁,得其神韵而自有境界。

生:老师,听您一席话,我佩服江为胜过林逋,佩服钦蒂欧胜过莎士比亚,佩服宋玉胜过郭沫若,因为前者是首创,后者是革新!

师:我佩服你,因为你有个性,有主见,有思想。让我们以启蒙思想家伏尔泰的名言共勉吧——"我不同意你的观点,但我誓死捍卫你说话的权利。"(说完,与自己意见相左的学生真诚地拥抱!)

第三章 阅读教学

师：白鹭不仅是一首精巧的诗，还是一首韵在骨子里的散文诗。速读课文第6—8节，给每一节加个有韵味的小标题。

生：白鹭钓鱼。

生：白鹭瞭望。

生：白鹭晚飞。

（3）写话。白鹭是一首韵在骨子里的散文诗，其"韵在骨子里"的韵味着重体现在"白鹭钓鱼""白鹭瞭望""白鹭晚飞"之中。课文中的白鹭"钓"鱼可以改成白鹭"捉"鱼吗？白鹭孤独站在小树绝顶，在瞭望什么呢？你是怎么理解黄昏白鹭低飞之美的？请用笔说话。

（4）分享。

生：钓，是静候与等待；捉，是行动与出击。钓，是一种等鱼上钩的优雅；捉，是一种主动出击的粗鲁。钓，是一种享受状态；捉，是一种奔波状态。前者心态平和、闲适；后者心态激荡、忙碌。

生：如果是白鹭爷爷孤独站在小树绝顶，或许是在瞭望它的墓地吧；如果是白鹭爸爸孤独站在小树绝顶，或许是在瞭望鱼群吧；如果是白鹭小姐孤独站在小树绝顶，或许是在瞭望情哥哥吧；如果是白鹭孩子孤独站在小树绝顶，或许是在瞭望玩伴吧……

生：日落黄昏，白鹭低飞，那种绵延的流动，把乡村的宁静拉得悠长——悠长——

夕阳西下，偶见白鹭低飞，好像诞生一个故事，永远没有结束，永远在收工回家村民的心中进行着……

"落霞与'白鹭'齐飞，'乡景'共长天一色"，宛如一幅永不褪色的油画！

师：理解永远是不同的理解，理解的过程永远不会最终完成。没有最好的理解，只有不同方式的理解。理解永远在流动生成中！

6.收课：

白鹭如诗，是一首精巧的诗，一首韵味无穷的诗。

白鹭如画，是一幅灵动的画，一幅意境深远的画。

白鹭如歌，是一曲无言的歌，一曲拨动心弦的歌。

白鹭如舞，是一支多姿的舞，一支曼妙丰盈的舞。

孩子们，再让我们再看一看这美的天使，美的精灵，美的化身，让我们和白

鹭的美共舞，用我们的心与之共舞。（配乐欣赏配音白鹭美图）

三 // 阅读延展：走进随笔中的白鹭

师：美是一种信仰，也是一种迷障。阅读，可使我们在辨识信仰与迷障中不断地成长。请快速阅读林清玄的随笔《白鹭》（PPT出示），谈谈自己的想法。

生：读古诗中的《白鹭》，再读郭沫若的《白鹭》，又读林清玄的《白鹭》，我越来越完整地认识了白鹭。美，可以是外在的；善，一定是内在的。

生：群文阅读《白鹭》，我想到乌鸦。去年，我去加拿大温哥华，走出机场，看到停车场有许多乌鸦，甚至停在车顶上，见到人也不怕生，哑哑地叫，绕在人的身边飞。

来接机的朋友看我露出讶异的神情，笑着说："加拿大的乌鸦最多了，加拿大人把乌鸦当成吉祥的鸟。"

"为什么呢？"

"因为乌鸦很聪明、很讨人喜欢，声音也很好听，又能维持生态的平衡。乌鸦也是极少数会反哺的鸟。"

在中国人眼中是凶鸟的乌鸦，在加拿大人眼中却是吉祥鸟，可见这个世界上事物的价值是因人而异的，如果改变了我们的偏见，事物的价值就改变了。

那象征凶事、不吉祥源自我们的心，与乌鸦有什么相干呢？

生："文献说，鹭鸶（又名白鹭）是有固定伴侣的，但是它有'不知检点'的风流名声在外；百分之三十的鹭鸶会有外遇，而鸟儿外遇，不是情不自禁，而是为了找到更优良的基因繁殖后代。"（《龙应台生活笔记·北漂》）

……

师：林清玄先生不仅写了《白鹭》，还写过一首有关"白鹭"的禅诗："白鹭立雪，愚人见鹭，聪者观雪，智者见白。"白鹭就是白鹭，不同人从不同角度会看到不同的白鹭！白鹭是一个存在的事实。事实不能告诉我们什么是正确的，但我们对事实的错误理解，却会改变事实本身。

教学反思

教学设计时,之所以选取有关白鹭的古诗导入,是因为许多诗人都以如椽的巨笔,讴歌过白鹭,赞美过白鹭。这样潜移默化地将古诗词与现代散文《白鹭》无缝对接,进而把学生引向"无边界学习"的境地。开放网络,让学生搜集诗句,朗诵吟咏,自主感受诗句中白鹭的唯美,感受那唯美带给人的贯通脊椎之热流的酥麻与震颤。

教学课文时,笔者力主体现还给学生自主阅读的特权,实现高度的精神自治。一如茨威格所言:"在一个毫无权利可言的时代,阅读是有教养者唯一的特权。而一个喜欢自由而独立阅读的人,是最难被征服的,这才是阅读的真正意义——精神自治。"

最后延展阅读林清玄的《白鹭》,使得"古诗+课文+随笔"的多文多维阅读《白鹭》,形成了密集而多样的精神行为相互间的竞争,也使得新的强度中心由此不断形成并向外辐照炽烈的空间关系的自我强调。一如学生所言:"读古诗中的《白鹭》,再读郭沫若的《白鹭》,又读林清玄的《白鹭》,我越来越完整地认识了白鹭。美,可以是外在的;善,一定是内在的。"这种多文多维阅读犹如布景,它管理着生命的线条,让生命力在复杂事物中得以表露、铺展和存续。每个阅读的生命主体都会从中受到鼓舞激荡,但同时也消散洒落于外界,摆脱了封闭,变得多维、灵动而又焕然一新。

教学分两种：应该的教学与可能的教学。创新，就是打破应该的教学，拥抱更多的可能的教学。

走向"可能的教学"

——部编教材五下《祖父的园子》创意教学

一 // 应该的教学

笔者曾听到一位教师这样教学《祖父的园子》：

（师指名读课文第1节。）

生：（朗读）"我家有一个大花园，这花园里蜜蜂、蝴蝶、蜻蜓、蚂蚱，样样都有。蝴蝶有白蝴蝶、黄蝴蝶。这种蝴蝶小，不太好看。好看的是大红蝴蝶，满身带着金粉。蜻蜓是金的，蚂蚱是绿的。蜜蜂则嗡嗡地飞着，满身绒毛，落到一朵花上，胖乎乎，圆滚滚，就像一个小毛球，停在上面一动不动了。"

师：花园里有什么？

生："花园里蜜蜂、蝴蝶、蜻蜓、蚂蚱，样样都有。"

师：蝴蝶是什么颜色的？

生："蝴蝶有白蝴蝶、黄蝴蝶。"

师：对。什么蝴蝶最好看？

生："好看的是大红蝴蝶，满身带着金粉。"

师：大红蝴蝶为什么好看？

生:"满身带着金粉。"

师:蜻蜓是什么颜色的?蚂蚱呢?

生:"蜻蜓是金的,蚂蚱是绿的。"

师:蜜蜂怎样飞的?

生:"蜜蜂则嗡嗡地飞着"。

师:蜜蜂像什么?

生:"胖乎乎,圆滚滚,就像一个小毛球"。

……

课后,我与这位教龄仅仅一年的执教老师聊课。

"课文就应该这样教,"她说,"我听过有经验的老师都这样一问一答地教学啊!"

"课文第1节仅仅5句话,你问了8个问题。都是老师提出问题,学生没有产生一个问题。况且这些所谓的问题只是把文本上的陈述句改为问句而已。这样的问题是'伪问题'。"我直言不讳地指出,"伪问题势必带来伪对话。上文案例一问一答,只不过是文本内容的平移,不需要过脑与思考,没有情趣的激发与思维的碰撞,也没有潜能的开发与智慧的开启,更没有生命的增值与情怀的积淀。'伪问题,假对话'大行其道,阅读教学能高效吗?"

"那我该怎么办?"她反问。

我建议:"你可以尝试让学生自己提出问题,自己解决问题。"

我们约好,两个星期以后再听她的教学。

二 // 可能的教学

师:同学们,请仔细默读课文《祖父的园子》第1节,提出自己的问题!

生:"我家有一个大花园",按常规思维接下去应该写花园里有什么花,花的色香味怎么样。然而,课文却不直接写有哪些花,反而写蜜蜂、蝴蝶、蜻蜓、蚂蚱,为什么呢?

师:问题有思考价值!建议你上网查资料,了解蜜蜂蝴蝶与花之间的关系。

生:花和蝴蝶之间密切相关,互相依赖。花为蝴蝶提供食物,蝴蝶为花授粉。植物如果长期进行自然授粉,所产生的后代生命力弱,对不良环境和病虫害抵抗力差,有灭绝种族的危险。蝴蝶在采花过程中可以为植物进行异花授粉,异花授粉的植物所产生的后代具有强壮的生命力，对于植物种族后代的延续起到积极的作用。

师：谢谢你！你的答案使我们了解了花和蜂蝶密切相关。同时也让我们明白了，为什么写蜜蜂、蝴蝶、蜻蜓、蚂蚱这些昆虫。

生：现在的花园里还有蜜蜂吗？

师：共同关心这一问题的，请举手！

师：5人。建议你们5人组成小组，请带着问题，同时也带着相机，到花园实地观察一下。明天交流。

（次日。）

生：时值仲春，鲜花盛开，我们小组连续观察了公园的20余种花草。只见花儿孤芳开，不见蜜蜂留恋采。（请看PPT）

师：什么原因呢？

生：我从网上查过资料。人们最先在美国发现蜜蜂失踪的现象，一些养蜂者报告说，他们的蜜蜂失踪比例高达95%。如今，美国西海岸的养蜂企业已经损失大约60%的蜜蜂，而东海岸则有70%的蜜蜂消失。蜜蜂消失现象又像瘟疫一样传到了德国、瑞士、西班牙、葡萄牙、意大利和希腊。在西班牙，目前已有报告称数千个蜂群失踪。在瑞士，大约40%的蜜蜂已经失踪或死亡。英国各地的养蜂者也都发现，在没有疾病等明显原因的情况下，大量蜜蜂舍弃"家园"而去，光在苏格兰就有数千个蜂群神秘失踪。

师：哦？蜜蜂失踪与人类有何关系？

生：据说，在人类所利用的1330种作物中，有1000多种需要蜜蜂授粉。如果蜜蜂太少了，人们将告别多少粮棉、油料、瓜果。爱因斯坦曾预言："如果蜜蜂从世界上消失了，人类也将仅仅剩下4年的光阴！"

造成全世界蜜蜂减少的原因很多，其中固然有自然灾害、天敌捕食、病害肆虐等自然因素，但蜂群一般尚能承受，保持总数平衡；但人为因素的加入，使蜜蜂不堪忍受，数量大减。种种人为因素包括滥施农药、人造转基因作物、电磁波干扰甚至战争等。譬如，手机和其他高科技装置发出的辐射可能是导致蜜蜂突然消失的原因，因为手机发出的辐射干扰了蜜蜂的导航系统，令它们无法找到回蜂巢的路。

……

教学反思

学生放学回到家,家长问的第一句话,从长白山到五指山,从青海到上海,几乎都一样:"今天的作业做完了吗?"家长关心的是学校交给的任务完成了没有。

犹太人却不一样。孩子回到家,家长问的第一句话是:"你今天在学校里向老师提出问题了吗?"如果孩子得意地说"我今天向老师提出一个问题,老师没回答出来",家长会很得意。

生命,包括教师生命与学生生命,都是生成、运动、僭越,而不是模仿、静止、同一。所以,我们应该拥有一个开放的心态,敢于放手让孩子提出问题,善于引导让孩子尝试解决问题,这样才能打破"应该的教学",走向"可能的教学"。

> "对每个人而言,真正的职责只有一个:找到自我。然后在心中坚守其一生,全心全意,永不停息。"(黑塞)对学生而言,与文本对话是探索自我、找到自我的重要方式。

让学生在课文中找到自我

——聆听学生与部编教材六上《丁香结》对话

"对每个人而言,真正的职责只有一个:找到自我。然后在心中坚守其一生,全心全意,永不停息。"诺奖获得者黑塞的箴言具有普适性,用在学生与《丁香结》对话上也很适宜。对学生而言,与文本对话是探索自我、找到自我的重要方式。

教学中,为了让学生在课文中找到自我,我主动把讲台位置留给学生,自己坐到了学生的位子上,聆听学生与《丁香结》对话:

生1:"丁香"两个字读起来很轻巧,也很俏丽。一经舌尖的婉转,再吐出来,就别有一番味道。"丁香"的香味仿佛从课本上沁入我的心里。请听我读——丁香……

生2:为什么叫"丁香结"?课题诱人,我急不可耐地读下去——"只是赏过这么多年的丁香,却一直不解,何以古人发明了丁香结的说法。今年一次春雨,久立窗前,望着斜伸过来的丁香枝条上一柄花蕾。小小的花苞圆圆的,鼓鼓的，恰如衣襟上的盘花扣。我才恍然，果然是丁香结！"原来，丁香的"花苞圆圆的，鼓鼓的"，与传统服装"衣襟上的盘花扣"形似，所以得名。

生3：丁香花开，开出了自己。一是花的数量多——"星星般的小花缀满枝头"；二是花的色彩雅——"月光下白的潇洒，紫的朦胧"；三是花的味道香——"淡淡的幽雅的甜香，非桂非兰"。因其独自的形、色、味，丁香就是丁香。

生4：我喜欢丁香花开数量众多——"许多小花形成一簇，许多簇花开满一树。"花的队伍阵容强大。一簇一簇，凝聚一起，抱团开放。满树白色，如玉似雪，令人击节。"十二阑干玉一丛"，不就是在讴歌这强大的团队精神吗？

生5：丁香好美，如诗如画——"芭蕉不展丁香结""丁香空结雨中愁"。"在细雨迷蒙中，着了水滴的丁香格外妩媚。花墙边两株紫色的，如同印象派的画，线条模糊了，直向窗外的莹白渗过来。让人觉得，丁香确实该和微雨连在一起。"

生6："芭蕉不展丁香结，同向春风各自愁"；"青鸟不传云外信，丁香空结雨中愁"；"深恩纵似丁香结，难展芭蕉一寸心"；"自从南浦别，愁见丁香结"……丁香花给许多诗人墨客带来了云丝般的哀怨，那婉约的泪水打湿了唐衣宋衫，也在雨巷中偶遇了一生期待的戴望舒——"她是有／丁香一样的颜色／丁香一样的芬芳／丁香一样的忧愁／在雨中哀怨／哀怨又彷徨……"

生7："一从恨满丁香结，几度春深豆蔻梢。"难道丁香的一袭紫衣，带给人的只能是矜持、婉约、浅浅的忧伤和淡淡的离愁？

生8：究竟是哪位文人最先把丁香演绎成愁的传统意向，这也许无从说起，也无从考证，如"江畔何人初见月，江月何年初照人"般令人迷惘。但是，我个人觉得丁香怨可以了解，但不能拘泥，不能为赋"丁香"强说愁。

生9：丁香幽怨几时休，化作春光荡千愁。这是我的心语，更是我的希冀。

生10：谭嗣同说，"何以壮行色，宝剑丁香结"，读之，一股英雄之气傲然而至，一种侠骨柔情荡气回肠。

生11：古人写丁香都饱蘸着愁怨与伤感，但我却从丁香那紫色的眸子里读出星光般的灿然，亦品出阳光般的温暖。

你妩媚动人／愁绪是谁的幽咽／你含苞待放／在窃喜中期盼春雨／花有双双叶／婆娑的魅影是你的特写／心无千千结／唯美充溢繁星的世界。

我求，我盼！愿所有与丁香忧郁的诗文渐行渐远……愿诗人的笔下，丁香是充满浓烈般爱的天使，是一棵香气萦绕的树，是一杯香飘千载的酒，是人间真爱的源泉。

生12："丁香结，这三个字给人许多想象。再联想到那些诗句，真觉得它们负担着解不开的愁怨了。每个人一辈子都有许多不顺心的事，一件完了一件又来。所以丁香结年年都有。结，是解不完的；人生中的问题也是解不完的，不然，岂不是太平淡无味了吗？"与其说事有千千结，人有千千结，不如说心有千千结。

生13："每个人一辈子都有许多不顺心的事，一件完了一件又来。所以丁香结年年都有。结，是解不完的；人生中的问题也是解不完的……"这段话合情理，但不是真理。这让我想起一个故事——公元前223年冬天，马其顿亚历山大大帝进兵亚细亚。当他到达亚细亚的弗尼吉亚城时，听说城里有个著名的预言：几百年前，弗尼吉亚的戈迪亚斯王在其牛车上系了一个复杂的绳结，并宣告谁能解开它，谁就会成为亚细亚王。自此以后，每年都有很多人来看戈迪亚斯打的结。各国的武士和王子都来试解这个结，可总是连绳头都找不到，他们甚至不知道从何入手。亚历山大对这个预言非常感兴趣，命人带他去看这个神秘之结。亚历山大仔细观察着这个结，他突然想到："为什么不用自己的行动规则来解开这个绳结呢？"于是，亚历山大拔出剑来，对准绳结，狠狠地一剑把绳结劈成了两半，这个保留了数百载的难解之结，就这样轻易地被解开了。

生14："每个人一辈子都有许多不顺心的事，一件完了一件又来。所以丁香结年年都有。结，是解不完的；人生中的问题也是解不完的……"麦家说得好："人活一世，总要经历很多事，有些事情像空气，随风飘散，不留痕迹；有些事情像水印子，留得了一时留不久；而有些事情则像木刻，刻上去了，消不失的。人生海海，愿大家顺风时多些小心，逆风时多些耐心，勇敢面对一切。"

……

/ 教学反思 /

聆听学生与《丁香结》对话，倏地想起本雅明的谆谆语告：没有一成不变的作品，因此不存在忠实于原作的解读。

学生现在看到课文同多年前人们看到的感受是不同的，一篇课文的意义永在变化，它取决于不同读者在不同时代、不同场合的不同看法。

任何一篇课文都具有不确定性。在作者、文本、读者的生态关系中，读者绝非是被动的。文本意义的生成十分依赖读者主观的解读，是读者以私人的审美经验、情感状态、想象力，赋予了作品最终的意义，因此同一文本永远不可能存在统一的解读。

任何时代真正有品质的文本都能经受住后世芜杂的解读甚或误读，端赖不同时代的读者，以怎样不同的文眼去悉探与观照。它可以被解认为阴影，也可以被赏看为韶光，它时刻期待误读，并在不同的误读声中输送新的血液继续宏演其杰构。

开放阅读，让学生与《丁香结》对话，旨在使学生从文本中汲取养分，舒阔自身言辞的力度、思维的广度，以及洞察的深度。每一天每一课每一次与文本对话，学生都是在竭尽全力地裂变，一寸一寸地开拓自己未知的疆域，一层一层地破茧而出，直至找到自我，毫无保留地成为自己，而不是任何别的什么人。

第四章

习作教学

> 孩子将自己的生活和感想,直接与最本真的自我,发生碰撞,写成句子,"使看不见的东西被看见"。然后,说给愿意倾听的人听。这是对自己的记录,也是和外在世界的一种交流。文字确为一件神物,它的世界能让人享受到真正的灵魂自由。

不要"低估"孩童的思想力

——部编教材一下"我多想"创意写话

有人习惯低估孩童的思想能力,我却始终相信:你认为他的思想能力有多高,他就真的有多高。你越是"高估"他,他越是潜力飞跃。

一日,笔者去听公开课《我多想去看看》,学完课文,执教老师通过"以'我多想'开头,写下自己的愿望,再和同学交流"的课后问题,启发孩子勇敢写话(不会写的字可以用拼音)。

"'我多想'在十分钟里,看到你们随心所欲地写下每个人的'我多想';'我多想'在十分钟后,听到你们每个人畅所欲言地交流自己的'我多想'!"执教老师既没有讲写作方法,也没有规定写作内容,只是激情澎湃地"怂恿"孩子先动笔写然后再交流。

十分钟时间里我看到了孩子们的笔尖在纸上跳舞;十分钟后,我听到了孩子们畅所欲言的交流:

生1：我多想吃妈妈亲手烧的饭菜，而不再天天吃外卖，外卖里虽有油水，但缺少妈妈的爱。

师：懂爱的孩子惹人爱！

生2：我多想每晚不要写作业写到很晚，缺觉的孩子怎能长得好！

师：我会注意布置作业的数量，不影响你们睡眠的质量！

生3：我多想把爸爸的手机充电器藏起来，看看他没有手机的日子怎么过！

师：谢谢你的提醒！我也是个手机控，被手机绑架之后，常常"泡"手机，冷漠了家人。

生4：我多想关闭一切卖香烟的店铺，省得妈妈一唠叨，爸爸就躲到卫生间里去抽烟。

师：这个想法如果能实现多好！

生5：我多想变成一只隐形口罩，专给在公共场合大声喧哗的人戴上。

师：为你的创意点赞！

生6：我多想变成一棵树，高兴了就开花，不高兴就落叶！

生7：我喜欢你的句子，像童话一样美好的句子！

生6：谢谢你的欣赏！

师：我欣赏你们的互相欣赏！

生8：我多想抓紧时间让自己变得好看起来，钢琴老师说贝多芬都把好听的钢琴曲"致爱丽丝"了，因为爱丽丝很美。

师：爱美之心人皆有之。

生9：我多想学校门口的校名由我们来书写！

师：为什么？

生9：爷爷说他写了一辈子的书法，字越写越像孩子。孩子的字一定有孩子味儿，或许这种"童体"最宝贵吧。

师：我可以把你的想法向学校领导汇报，你也可以直接和校长沟通。

生10：我多想知道红是怎么走进玫瑰的，绿是怎么走进芭蕉的，我的猫咪鼻子两侧为什么刚刚好有24根胡须，每一边都是12根。

师：我多想你能一直探究下去！

生11：我多想变成一个纳米机器人，爬到奶奶脑梗的地方，疏通她的血管，让她能够正常行走！

师：努力吧！相信你能梦想成真！

生12：我多想移植爸爸的记忆基因，这样我可以直接获得他医学博士的所有学识，"更上一层楼"，这样可以节约我成长的时间。

生13：我多想你的"记忆基因"里删除你老爸的缺点。

师：我多想你们俩合作获得诺贝尔医学奖！（掌声）

生14：我多想做只猫，毛茸茸的一团，抱在怀里，有一种柔软的舒心。

师：真好，去实现吧！

生15：大朵大朵的白云像棉花一样柔软，我多想光腚坐到白云里！（笑声）

师：我多想请你去掉"光腚"，改成"光着身子"，多文雅！

生16：我反对去掉"光腚"，这是孩子的话，他没有别的意思。

师：你有发表自己想法的权利。

生16：我多想活得像雪一样干净，像小溪一样活泼。

师：孩子，你现在活得正是如此！我多想活得像现在的你！

……

/ 教学反思 /

1. 解放孩子的双手。

老师让学生自由写句子，解放了孩子的双手，解放了孩子的大脑，解放了孩子的每一个自由想象的细胞……每一个孩子的"我多想"都是他们的生活，他们的愿望，他们的思想。老师认为孩子的思想能走多远，他就能走多远。从这个意义上讲，解放了孩子，也就解放了教师。

2. 肯定孩子的存在。

孩子将自己的生活和感想，直接与最本真的自我，发生碰撞，写成句子，"使看不见的东西被看见"。然后，说给愿意倾听的人听。这是对自己的记录，也是和外在世界的一种交流。文字确为一件神物，它的世界能让人享受到真正的灵魂自由。"生6：我多想变成一棵树，高兴了就开花，不高兴就落叶！生7：我喜欢你的句子，像童话一样美好的句子！生6：谢谢你的欣赏！师：我欣赏你们的互相欣赏！"这样的对话，就是相互倾听。倾听，就是肯定每个孩子的存在。

3. 丰富孩子的大脑。

孩子自由交流，输出了自己的思想，分享他人的思想，是一种双赢或多赢。交流中，没有人指望你说出一个尽善尽美、毫无瑕疵的观点和看法，所以不必担心，不必畏惧。每个人都说出自己的想法，不就是最好的头脑风暴吗？来自不同生活背景的孩子说出自己的思想，那会极大地丰富每个人的视野和头脑，这不是最好的多元交流的机缘吗？

4. 弘扬教师的创造。

教师的本质是一名创造者。长久以来，人们对教师的认识上有个偏差，不把教师看作创造者，仅仅把他当作知识传递者。或许有人认为上文案例中教师的任务就该是教写作，讲术法……至于教师教学是不是一种创造性劳动，并不怎么在意。马克思讲得很深刻，只有创造性的工作才会有尊严。今天，我们必须认清教师的本质，他不是简单的传递者，他跟孩子一起创造每一天的学校生活，也为学生的未来生活进行创造，他是一名创造者。

我们希望每一位教师都能对自己的"上一节课"永远不要回头看，永远要颠覆自己昨天的教学，让自己在否定与自我否定中不断成长。我们希望每个教师永远是个出发者，不论执教过多少个年头儿依然把自己视为一个触发者，一个对教学依然充满了无穷无尽好奇和探索的出发者。我们要鼓励和弘扬那些最有创意、最有深度、最有温度的语文教学，那么，活泼灵动、开拓进取的教师们就会出现在每一座校园里，每一个教室中。

"哪来的'唤醒',孩子们本来就醒着!"看到她们脚尖触地,轻盈梦幻,舞动春风,与完美调情,我盈盈一笑,"那是一种街道睡了路灯醒着,泥土睡了树根醒着,鸟儿睡了翅膀醒着,肢体睡了血液醒着,圆熟睡了童真醒着的醒着……"

穿越大半个中国来"听"你

——部编教材二下"字词句运用"创课

那年早春,从长白山,到五指山,我穿越大半个中国来"听"你,听你在"让孩子站在课中央主题研讨会"上教学公开课。

课行中,你让二年级的孩子先补充合适的词语,再说说理由。

当你课件投影"＿＿＿＿＿＿的蓝天"时,学生指出:"老师,书上是'＿＿＿＿＿＿的天空'。"

你发现课件来不及更改了,于是顺水推舟:"我们就填'＿＿＿＿＿＿的蓝天'吧。"

于是,孩子们开火车填写"＿＿＿＿＿＿的蓝天",多数孩子都在轨道上正常运行。火车开着开着,一位掉了两颗门牙的小女孩突然"脱轨":

生:(摇动两条羊角辫)洁白洁白的蓝天。

师:(惊诧中夹杂一丝嗔怒诘问)有"洁白洁白的"蓝天吗?

生：（一位孩子"仰师鼻息"，立马做出反应）洁白洁白的脸蛋儿。

师：反应真快！表扬她！

众生：你真棒！（掌声齐鸣：啪——啪——啪——）

……

"我真怕！"窘迫的小女孩落座后，快速在本子上写下三个字。

那一刻，就坐在她身旁的我，趁执教老师没注意，附耳低语："怕啥？"

"'洁白洁白的蓝天'还有朋友吗？"

"'洁白洁白的乌鸦''洁白洁白的血液''洁白洁白的黑夜'……"我跟羊角辫女孩说了句悄悄话，"它的朋友很多很多！"

她使劲儿点了点头，两条羊角辫在颤动。

"同学们，请在横线上写话。"说时迟，那时快，老师又上了"一道菜"，"春天里，我看到_____。"

"树叶落了！"这几乎是小女孩的第一反应。

闻听此言，同学们哄堂大笑！

"春天到了"，老师迅疾纠误，"树叶怎么样？"

"树叶慢慢长大！"同学们火速"救场"。

"请看窗外——"小女孩指了指那棵大叶榕树。

顺着小女孩手指的方向，我们真的看到了在南国绵密的细雨中，一片片榕叶正任性飘零在风中……

"1、2、3！"老师一声号令。

"坐端正！"学生顷刻化作蜡像。

"春天到了，树叶落了！"小女孩把没有机会读完的"燕子一斜，蝌蚪一逗，书包一笑"送给我时，她的眼神像咏叹调一般纯洁、有力，我很想进去居住。

……

教学反思

那晚，躺在宾馆的床上，我反复叨念"燕子一斜，蝌蚪一逗，书包一笑"，辗转反侧，难以入眠。

爱因斯坦说：如果我有一个小时去解决一个问题，我会花55分钟的时间去发现真正的问题是什么，然后再用剩下的5分钟去解决它。

于是，我开门见山给执教的你发了一条微信："每个人采取的每项行动都基于爱或怕。请问，你怕什么？"

"考试！"你坦诚、率真而又一针见血地回我一条微信，"'洁白洁白的天空''春天到了，树叶落了'，固然文学、诗意、童真，可是'标准答案'认吗？我不选择'童真'，因为我的孩子需要'奶粉'……"

考试，确有无比的震慑力与内驱力，从这个角度看，这种"怕"是一种不可或缺的正能量。

考试，若以所谓"标准答案"为借口，减损与削弱、阻碍与围剿孩子的独立判断与选择，会使得孩子不能用自己的感受和视角去理解事物，用自己的力量和方式去解决问题。这种只给孩子一种答案，让孩子听到一种声音，把孩子的头脑都锻造成方形，抑或都是五角星的考试，是一种可怕的愚智考试。如果每位教师、每所学校都变成"标准答案"意志的延伸与帮凶，每堂课每个环节都释放着收缩、封闭、攫取、恐吓、嗑惑、戕害……的负能量，那么谁家的孩子有路可逃？这是一种"没有一滴雨会认为自己造成了洪灾"的集体沉默，这种集体沉默以及支配集体沉默的思维皆出自对考试权威的恐惧，当恐惧权威成为一种传统、一种习俗、一种模式，恐惧便不再需要理由，不再需要追问"为什么恐惧"，唯一值得我们恐惧的是恐惧本身。

但恐惧与梦想是一个硬币的两面，缺一不可。谁不想诗和远方？但恐惧却能让人不断前行。

我们是不能凭着经验的延长线去规划孩子未来的。所有学校与教室都需要不停跨越以往经验的覆盖值，教育正处在一个经验很快就覆盖不到的时代，诚如上文教学对话中孩子的思维变化太快了，教师必须赶着自己往前走，有些时候甚至要推翻过去的自己。

43-13，怎样教学？我们耳熟能详的传统教学难道是唯一的"标准答案"吗？

"门前若无南北路"，请看美国的教学：

他们是从13开始找最接近的5，那是15，找最接近的10，得到20，再得到30，再得到40，最后40+3=43。然后43-13=2+5+10+10+3=30，完成。

其规律是：从减数13开始，往上加，一直加到被减数43，加了多少，答案就是多少。也就是先差几到15，再差几到20，再差几到30，再差几到40，再差几到43。

步骤虽然多了，但每一步的方法都更简单、更一致，实际上是化繁为简，计算机内部的算法差不多就是这样的。这就是数理逻辑概念的教育法。教法没有唯一，只有之一。

次日，雨后初霁，仰望"洁白洁白的蓝天"，俯察"春天到了，树叶落了"，呼吸"燕子一斜，蝌蚪一逗，书包一笑"，歆美南国春早，校园如画。

"春光唤醒了蓝天，唤醒了大地，也唤醒了可爱的孩子！"随行的同事兴奋地指了指操场，"'羊角辫'与玩伴正课间撒欢……"

"哪来的'唤醒'，孩子们本来就醒着！"看到她们脚尖触地，轻盈梦幻，舞动春风，与完美调情，我盈盈一笑，"那是一种街道睡了路灯醒着，泥土睡了树根醒着，鸟儿睡了翅膀醒着，肢体睡了血液醒着，圆熟睡了童真醒着的醒着……"

醒着，就是让高高在上无法看到一切的我们，蹲下来顺着孩子的目光看世界；就是让我们有机会去发现，发现孩子为身边这可见的世界展现了什么新的风景。

醒着，就是学会从50岁往1岁活，重拾最初纯真的美丽，让身边的每个孩子连同自己都有机会成为伟人。

醒着，就是回归到人的本身，忠实于自己真实的内心，再一次从内心出发，寻找不一样的启迪与让人兴奋的连接点。

醒着，就是在每个人都有权迷路然后转向的剧变中，重新发现信仰的力量与真正的重量，还有信仰的恩典。

醒着，只要孩子醒着，永远醒着，明天就会醒着，就会有更多的"洁白洁白的天空"敢于在汹涌的外部声音中站定，并能够听到自己内心的声音；就会有更多的"春天到了，树叶落了"，敢于在冲突的湍流中抚摸逻辑链中最微妙的环节；就会有更多的"燕子一斜，蝌蚪一逗，书包一笑"品咂思维和情感的纹路，在因果链的最深处探寻幽暗但无可置疑的光亮。

有些习作教学永远要在技术上达到正确，但是有些习作教学追逐的是状态的正确。我们要的是后者，前者是后者的辅助。我们一直认为，模糊的模糊可能是精确，而精确的精确可能是尽头。

"睡秋雨"

——部编教材三上"秋天的雨水"读写创意

"先点明何时，何地，何人，"在一节轰轰烈烈的公开课上，N多粉丝目不转睛于"专家"在"驾轻就熟"地指导三年级学生的写作技巧，"再按照由远及近，由上到下的观察顺序描写秋雨，按照课后要求想象一下：'秋天的雨还会把颜色分给谁呢？照样子写一写。'"

一阵笔尖在纸上跳舞之后，学生该读其习作了。8位被指名的学生异笔同文，众口一腔，照着被传授的习作技巧"受精、着床、出生"的文章，从眉眼到骨像到形体，长得多胞胎似的。

正当执教者要见好就收的时候，靠后排的一位女生举手示意要读自己的习作。

囿于公开课的众目睽睽，执教老师不好硬生生地回绝学生的"诉求"，只得应允。

她读道：

干燥的秋风吹得脸上一阵痒，这风可能约有三两重。无处安放的目光，还是选择把它望向了窗外。

我摘下眼镜，揉揉眼睛，重新戴上，窗外忽然一片秋天。

我想了想，又摘下眼镜，又揉揉眼睛，又重新戴上，窗外依然是一片秋天。

这种天气适合去吃烤鱼，也适合"睡秋雨"——

一夜过去，秋雨还在下。雨，断了线的珠子似的往下滴，滴成一河故事，故事淌成一江历史。秋雨就这样把自己的颜色分给了"故事"，分给了"历史"。可是，我既无"故事"，也无"历史"。奶奶有。昨天，我问过。

"清新、俏皮、跳跃、碎片"的文字令听者为之动容，掌声好不热烈。

"你的文章发在朋友圈里可以，"执教老师反诘，"如果遇到考试怎么办？"

那一刻，我不知道该说什么好。只见手机上传来一条听课老师的微信："闻此评，就像吃一把花生米吃到最后一粒，却是一粒臭的。"

"遇见你文字的那一刻就想留住你的！"下课了，绕到后台，通过带队的班主任，我找到了"睡秋雨"，握着她温暖的小手，说："你的文章我可以留作纪念吗？"

"当然可以！"她很爽快，便把文章递给我，微笑着问我："老师，你不觉得文章都长得像超市里的西红柿一个色一个样，有失天然吗？"

我微笑，点点头……

/ 教学反思 /

有些习作教学永远要在技术上达到正确，但是有些习作教学追逐的是状态的正确。我们要的是后者，前者是后者的辅助。我们一直认为，模糊的模糊可能是精确，而精确的精确可能是尽头。

那么所谓"授人以鱼"的习作教学技术，缘何大行其道？因为"相同"常给人安全感，然后由此堆积问题而不自知；"不同"，则是真正的辉映，是明白的开始。迷信熟悉是惰性，而教学的"机会、生机、出路"，往往是陌生的。谎言最容易变得熟悉，因为最容易被重复。用同一个技巧指导学生写出千篇一律的作文教学时代应该结束，一个学生思想自由、自说自话的作文教学新时代应该开启！

卡夫卡说，我反对任何一种熟巧。熟练的技巧，是不能成就一流的作品的。如果能，李白的公子就是诗人，鲁迅的儿子就是作家了。习作，不是熟巧的行为，而是一次诞生。一如"睡秋雨"的佳作，是一次生命的诞生，与其他任何诞生一样。你听说过，妇女是诞生孩子的能手吗？诞生和熟巧合不到一起。没有熟练的分娩。请不要相信所谓熟练的写作技巧能让学生分娩好的作文的任何人与任何课。因为"荒谬的东西不会带来解放，它只会带来禁锢"（阿尔贝·加缪）。

> 部编教材四上有一篇习作"生活万花筒"。请看一位名叫迈克的外籍教师是怎样创造性上公开课的。

外国老师的公开课
——部编教材四上习作"生活万花筒"创课

一 // 课始:葫芦不开口,神仙难下手

不知是因为众目睽睽之下的畏惧,还是一以贯之的"压制",一开始这班四年级孩子们的表情乖到全体"冰封"。

迈克老师开始用他的热力开启破冰之旅:"在非常有限的时间里,我想让大家知道,我的太太是中国人。所以,我听得懂你们的话。"迈克来到学生身边,躬下身来,和颜悦色,试图通过套近乎联络感情,"解冻"孩子。"我的三个孩子就像你们一样可爱。我们的家庭存在两种不同的文化,有美国的文化,也有中国的文化。你们应该对中国文化了解更多,是吧?"

孩子们依然毫不领情,鸦雀无声、木然以应。

"在我们西方人的脑中,它的重要点是什么?"迈克老师随机板书两个单词——制造和创造,"知道它们有什么差别吗?谁可以告诉我?"

足足10秒钟,孩子们仍然集体缄默。空气都凝固了!

"好,我来给你们一点点的帮助。中国的思想都来自孔子,对不对?想了解中国文化,需要很好地了解孔子的思想。如果你要想了解西方人的想法,你就要

多学一些其他的东西。"迈克老师又一次引向正题,"制造和创造有什么区别?"

孩子们依然秉持沉默是金。

三分钟对话的破冰之旅告败。尽管迈克老师竭力走近孩子,但还是走不进孩子的内心。葫芦不开口,神仙难下手。

二 // 课中:不用君开口,只需君动手

"好,这样吧,六个小组每组一个代表上来。"迈克老师干脆来个乾坤大挪移,相机调整"作战策略","这里有一些干草、树枝、树叶,我想让你们用十分钟的时间来做一个鸟巢。"

孩子们一听做"鸟巢",顿然兴奋,先是表情松动,再是群体轰动……一组一个代表纷纷取走制作"鸟巢"的"材料"。

"有谁之前做过鸟巢?"迈克冲着一个举手的男孩子说,"你可以教你的伙伴。"

六个小组,36双小手忙开了。有的小组迅速把树枝、树叶、干草分开;有的小组用干草编个圆圈,试图用枝条放圈内做底,枝条一下子把草圈弹开了,大家马上改进,用枝条编个圈,用干草兜个底,再铺上树叶;有的小组,单兵作战,各做各的,熙熙攘攘争抢材料,"工期"滞后,其中一个单干的男孩子,由于到手的材料不足,只有一根干树枝,他掰成四小段,摆个方框……整个过程无论怎样"乱作一团",甚至鸟巢被做得面目全非,迈克也视而不见,一直"退隐",悄悄"欣赏"孩子们的"肆意妄为"。

六分钟过后,迈克老师魔术师般地取出一根带有多个枝杈的枯枝,说:"你做的鸟窝,要能放在树杈上。"

孩子们一下子醒悟了,开始了加固工程。八分钟过后,一个小组的孩子把鸟巢成功地"长"到了树杈上。

迈克老师从口袋里掏出一个鸡蛋,轻轻放进鸟巢,在孩子们的哈哈大笑声中,迈克又放进第二个,第三个鸡蛋……

十分钟的鸟巢制作,孩子们浸润其间,乐此不疲。听了也许会忘记,做了才会明白。所以,"不用君开口,只需君动手"。

三 // 神仙巧下手，画眉开了口

"我希望你们从做中能够学到一些东西。"迈克耸耸肩，摊开双掌，躬下身来，语态夸张，"这一组完全没有想法，你们都在做什么呢？"

大家的目光聚焦在这一小组。

"其实，它不是这么容易对不对？就算刚刚我们做成功的鸟巢，只要刮大风……"孩子们还没缓过神来，迈克话锋一转，摇散了树杈上的"鸟巢"。

迈克请完全没有想法小组中的一名男同学，侧着站到了白板前面。在同学们的哄笑中，他依着孩子的头部描画出一个"剪影"，又在剪影里勾勒出"大脑"，诙谐笑道："除了大脑外，你在里面还放了什么东西？"孩子们又是一阵哄笑。

"好，现在我们的问题来了。这是一只鸟，"迈克边说边画，"这是鸟的大脑，是不是只有一点点，相比较人的大脑？为什么与人相比只有这么小大脑的鸟，能够做出一个不怕风吹雨打的鸟窝？"

"这些鸟没有手，只有爪子，它们利用爪子、喙建造鸟巢。在生物学上，还有更小的蜂鸟，它们的大脑当然更小，它们也会做巢，用它们的喙，它们的爪子，建造一个牢固的鸟巢，就算台风来了，那个鸟巢还在那个树枝上。谁教的鸟搭建鸟巢？"迈克老师反剪双臂，躬下腰身，伸长脖子，唐老鸭般发出滑稽"鸟语"，"你们有谁看到一只母鸟叽叽叽做给小鸟看，然后它就学会了？"

孩子们边笑边摇头："没有见过。"

"这种事情之所以会发生，因为鸟有一种本能。本能就是天生的，表现在它的行为举止上是很复杂的一种现象，像鸟巢，我们大家都不能做，但是鸟能做。想一想，其他的动物，有什么本能？"迈克老师简笔画了一个蜘蛛网，一个蜂巢，"你知道人和这些动物有什么不同吗？人可以创造！创造和制造两者之间有什么差别？"

"小鸟垒窝，蜘蛛结网，蜜蜂筑巢，这些本能的是制造。"一个学生说道。

"好！"迈克送给他一个大拇指。

"创造，就是原来没有，根据想象把它制造出来。"又一个学生自告奋勇发言。

"制造是复制；创造是无中生有！"

"鸟爷爷是那样垒窝，鸟孙子还是那样垒窝，我们有谁见过鸟窝旁边有个烧烤架？有谁见过蛛网上挂一个风铃？又有谁见过蜂巢里有个窗帘？……动物的这种一成不变的本能就是制造。人，生下来没有这些本能，但是人可以创造一切，譬如汽车、飞机、网络等。"

"制造，是永远不变的天赋，像筑巢、结网。创造，是不断变化创新。"
……

/ 教学反思 /

听了迈克老师的公开课，我暗自思忖，这节课里有什么？

从教学内容看：这节课里有言语交际——师生对话；有绘画美术——简笔画学生剪影、鸟巢、蛛网、蜂巢；有手工制作——学生制作鸟窝；有生物知识——筑巢、结网是动物的本能；有东西文化——美国文化与中国文化……这节课的本身就像一个多姿多彩的"生活万花筒"，新奇、好玩、迷人！

从思维模式看：这节课教师晓之以理，学生思考接受，具有逻辑思维；教师导之以行，学生活动探究，具有操作思维；教师动之以情，学生情感体验，具有情感思维；教师传之以神，学生合作交流，具有交往思维；教师创之以新，学生整合顿悟，具有综合思维。其实，教育就是教人思维。

从教学方法看：这节课教师将自己的教育意图渗透在特定的情境之中，以制作鸟巢活动为载体，通过师生间积极的交往互动，帮助学生习得积极的社会性情感体验。这种浸润式的对话教学方法，不仅提供了更多口语交际的机会，还以制造鸟巢这一令人难忘的方式带引学生进入了目标语言的文化和社会背景，唤醒学生主体生命的创造意识，学生写起来不仅是有米下锅，而且是有好米下锅。

常言道，喊破嗓子，不如做出样子。所谓做出样子，在教学上就意味着做示范。小学习作教学怎样做示范？在我看来，小学习作教学要善于向音乐教学学示范。

习作教学要向音乐教学学示范

——部编教材五上习作"推荐一本书"教学创意

音乐课上，音乐老师常常会做出一些充满感染力的示范，即范唱、范奏、范演等。学生耳闻目睹教师的示范，除了兴趣勃发，还能对新的歌曲、乐曲有一个全面的完整的印象和概括的了解。从这个角度而言，小学习作教学要善于向音乐教学学示范。

学高为师，身正为范。示范，就是做出某种可供学习的典范。换句话说，就是做个样子给大家看看。喊破嗓子，不如做出样子。

教学部编教材五上习作"推荐一本书"时，笔者创意教学，推荐了《小王子》。

"所有的大人原先都是孩子"，如果我们都将它遗忘了，请打开《小王子》。

《小王子》是法国作家圣-埃克苏佩里"为大人们写的童话故事"，小说充满了奇妙的幻想和深刻的人生哲理，自诞生半个多世纪以来，已成为20世纪流传最广的童话。据说，它在世界上的阅读率仅次于《圣经》。下面我将倾情解读《小王子》，以其所包蕴的哲理为中心，带您进入《小王子》那深邃的令人忧伤的世界。

《小王子》以一个飞行员作为叙述者,讲述了六年前他因飞机故障迫降在撒哈拉沙漠,在那里遇见神秘的小王子的故事。小说通过小王子在六个星球上的游历和他与玫瑰、狐狸关系的讲述,揭示了人类生存中一些最本质的哲理。

我从三个方面为大家解读圣-埃克苏佩里的《小王子》。

一 // 游历:《小王子》的讽刺世界

首先一眼可见的是,《小王子》里充满了对成人世界丑恶现象的尖锐讽刺,这使得这部作品完全可以当作一部杰出的讽刺小说来读。

小说中,飞行员讲述,小王子在来到地球之前,曾游历了许多星球,遇到了许多人——国王、爱虚荣的人、酒鬼、商人、点灯人、地理学家等——当然,无一例外的,他们都是大人。圣-埃克苏佩里以夸张的手法描写了他们。可实际上这是些什么人呢?——权力幻想狂、自我崇拜狂、梦想发财狂、不能自拔的沉溺者、盲目忠于职守者和教条主义者;在小王子眼里,他们奇奇怪怪,简直不可理喻,因此,小王子感慨地说,"大人们真是怪得没法治了"。

其实这里说了什么呢?我们看到,在作品中,小王子的世界是以爱、美和诗意为价值中心的,而这些人所代表的成人世界却完全不是如此,他们是世俗的、功利的、教条的、愚昧的,小王子因此与他们格格不入,于是只能一次又一次地启程前往下一个星球,直至到了地球,遇见飞行员。而飞行员之所以能够与小王子成为很好的朋友,也只是因为飞行员虽成了大人,仍保持着那颗追求爱、美和诗意的心。

成人世界通过小王子的视角被陌生化,作者以极其夸张的手法写出了成人们扭曲的生命形态。这便是圣-埃克苏佩里描写小王子游历的目的。

二 // 童真:找不回的过往

《小王子》是一部童话小说,它对"童真"的理解,简直令人震惊,只要我们肯审视自己的内心。

什么是童真呢？这个问题似乎很简单，对于长成成人的我们，却又很难回答。我们都赞美童真，却又很难真真地说出来。其实童真并不抽象，也不复杂，它就体现在《小王子》书中最开始那个六岁小男孩画的第一幅画上：一条正在消化大象的蟒蛇。怎样看这幅画，其实就是有没有童心的象征。

作为引子，这个故事有为全书点题的意味。这幅六岁小孩的画，象征的正是人之初最本真的童心。童心所见，是对生命最直观最本真的把握。大人只看见帽子却看不见蛇，是因为他们已经失去了那种直观地把握真实的心。而飞机师和小王子之所以一见如故，也正是因为小王子能够一眼认出飞机师画的是"一头在蟒蛇肚子里的大象"。同样地，因为童心，小王子也能够轻易地穿过飞机师帮他画的箱子，看见里面住着一只一般人看不见的绵羊。后来狐狸教导小王子："只有用心看，才能看清楚。最重要的东西，眼睛是看不见的。"这个心，我们就称之为童心。而拥有童心的人就富有童真。

关于童真，《小王子》还揭示了一个成人们习焉不察、令人哀伤的事实：所有的大人起先都是孩子，而一个孩子在他最天真烂漫的时候，却不会意识到童真的可贵；只有当他长大，历经人世沧桑，回过头来，才会见到童真的美好，可此时他却永远地失去了童真。赞美童真的人，往往都是大人。——这是多么令人深思又哀伤的道理。

三 // 未归：圣-埃克苏佩里的失踪之谜

关于圣-埃克苏佩里，除了他的《小王子》，最为人津津乐道的莫过于他的神秘失踪。

1943年，圣-埃克苏佩里回到法国在北非的抗战基地阿尔及尔，继续参加飞行任务。就是在这里，1944年7月31日，圣-埃克苏佩里在将一个存放手稿的手提箱交给一个好友，驾驶"莱特宁"飞机冲入10000米高空后，再也没有回来。而在当天的飞行记录本上，只有一条简短的记录：

圣-埃克苏佩里执行法国南部高空飞行拍摄任务。未归。

这就成了世界文学史上一个巨大的谜案。

究竟是什么原因呢？几十年来人们一直在探索。直到1998年9月7日，突尼斯渔民哈比·贝纳莫尔在卡西斯的海上打捞到一块上面刻有"安托万·德·圣-埃克苏佩里（龚苏萝）-C/O 雷纳尔和希区柯克公司-美国纽约第四大街386号"的东西，人们才找到一点线索。因为这串文字是他的姓名、送他首饰的妻子的名字和出版英文版《小王子》的纽约出版商的地址。至此，可以确定，圣-埃克苏佩里失踪的原因是死于飞机坠毁，但坠毁原因仍不明了；专家猜测可能飞机被敌军击落，也有可能撞上不明物体，当然，也有可能是自杀。圣-埃克苏佩里曾表示："我将双手合十安息在地中海。"他的结局也算是得偿所愿。

……

教学反思

习作教学怎样向音乐教学学示范？

1. 完整示范。

在上新课之前，音乐老师往往会通过范唱、范奏来揭示音乐作品的主题、音乐形象，表达作品的思想感情以及音乐作品的风格、情绪、表现手法、速度、力度等。所以，完整示范是通过教师的示范和学生的耳闻目睹，让学生对新的歌曲、乐曲有一个全面的完整的印象和概括的了解。

日本教育家铃木激发儿童学琴的兴趣和动机靠的就是示范。一开始，他并不让儿童拿琴，只是让他们在拉琴的学生旁边玩；玩着玩着，发现别人拉琴那么有趣，声音那么动听，便不由自主地走过去，站在旁边听，产生了学习的动机。有了动机，铃木才逐渐教他们。教学习作"推荐一本书"，不是打开书本，出示习作要求，下命令让学生生硬地写作，而是教师要循循善诱，率先示范，"其身正，不令则行"。如果教师对推荐的书事先认真读过，深入了解过，"推荐"写得引人注目，学生自然想去模仿，模仿是孩子的天性。

2. 重点示范。

音乐教学中，教师会针对不同的歌曲，将一首歌中难唱的旋律，难咬的字词作为示范重点，除此之外，还可以将歌曲乐曲的演唱、弹奏风格、表现力等作为示范重点。

推荐一本书，重点写出推荐的理由。譬如：《小王子》是法国作家圣-埃克苏佩里"为大人们写的童话故事"，小说充满了奇妙的幻想和深刻的人生哲理，自诞生半个多世纪以来，已成为20世纪流传最广的童话。据说，它在世界上的阅读率仅次于《圣经》。《小王子》里充满了对成人世界丑恶现象的尖锐讽刺，它对"童真"的理解，令人震惊。

3. 难点示范。

音乐课上，老师常常对新作品中技巧性比较强、难度比较大、学生难以掌握的地方进行示范，主要是防止学生在演唱、弹奏中出现不必要的失误。这在教学过程中往往起着画龙点睛的作用。对难点的示范更需要生动、准确、形象，以引起学生的重视。

"推荐一本书"习作教学的难点在于深度解读一本书。譬如《小王子》里什么是童真？它就体现在《小王子》书中最开始那个六岁小男孩画的第一幅画上：一条正在消化大象的蟒蛇。怎样看这幅画，其实就是有没有童心的象征。关于童真，《小王子》还揭示了一个成人们习焉不察、令人哀伤的事实：所有的大人起先都是孩子，而一个孩子在他最天真烂漫的时候，却不会意识到童真的可贵；只有当他长大，历经人世沧桑，回过头来，才会见到童真的美好，可此时他却永远地失去了童真。赞美童真的人，往往都是大人。——这是多么令人深思又哀伤的道理。

传统的习作讲评，唱主角的往往是老师，老师讲评其愿意讲评的一切，学生没有发言权，只能当听众。那么，习作讲评究竟应该由谁来讲评？讲评什么？怎样讲评？请走进一节有创意的"网课"。

习作讲评，谁来评

——部编教材五下"那一刻，我长大了"讲评创意

这是疫期学生返校前在家所上的最后一节"网课"，一节部编教材五下"那一刻，我长大了"的习作讲评"网课"。

课始，执教老师请一位同学在线朗读其习作。一位男同学落落大方、声情并茂地读道：

病毒肆虐，疫情严峻，欧洲的意大利、西班牙、法国等确诊病人都超过了百万，死亡人数均过万……在这个风雨飘摇的时刻，700多名来自欧洲地区的不同国籍的孩子，在家隔离中唱起了意大利著名作曲家贾科莫·普契尼的经典咏叹调《图兰朵》中的《今夜无人入睡》，孩子们的歌唱视频汇聚到一起，组成一个虚拟的大型合唱团。这个神奇而令人难忘的行动，在病毒肆虐欧洲大地的至暗时刻，向全世界传递出团结、希望和爱的信息。合唱由位于罗马的儿童慈善组织白炽欧罗巴发起，指挥是格尔马诺·奈利，伴奏乐团是白炽欧罗巴管弦乐队。

看着张张不同面孔的同龄人，共同面对着镜头，同时举起写有他们的名字、地点和希望的标语；听着他们穿越时空、洞彻天宇的童韵合唱——"消失吧，黑夜！／下沉吧，星星！下沉吧，星星！／黎明破晓时，我将赢得胜利！／我将征服一切，征服一切！……"那一刻，我泪目了，因为我感动；那一刻，我长大了——我的精神与智慧长大了，因为我不仅仅是谛听到了一场声势浩大的天籁之音，更重要的是被孩子们的大视野、大格局、大情怀所感动、所濡染。是的，《今夜无人入睡》，2020年4月6日，意大利文化部长达里奥·弗朗切斯基尼，在推特上转发了这段视频，并为参加合唱的孩子们点赞："比我们更优秀、更强大的一代人将从这场可怕的考验中诞生。"

　　读罢习作，他紧接着发布了网络链接，和同学们一起观看了那段"合唱视频"。视频观看结束，执教老师请同学们讲评习作《那一刻，我长大了》。

　　因为在线互动，同学们"无所顾忌"，各抒己见、言人言殊：

　　——我想请教作者：你是怎样想到把700多名儿童合唱的视频资料运用到习作《那一刻，我长大了》中来的？

　　"700多名儿童合唱的视频，起初是爸爸推荐我看的。看后，爸爸问我：'这个视频对目前的网课有没有什么启发？你可以不立刻回答，但你不可以不深思。'后来，我想了很久，似乎突然间明白什么。再后来，我遇到了这次作文题，于是，就诞生了《那一刻，我长大了》。"

　　——观看"合唱视频"后的那一刻，我也长大了。"我的精神与智慧长大了，因为我不仅仅是谛听到了一场声势浩大的天籁之音，更重要的是被孩子们的大视野、大格局、大情怀所感动、所濡染。"作者的文章紧扣中心，得体到位。我与作者有情感共鸣！作者的立意高远，选材独到，构思巧妙，边叙边议，水到渠成，是值得我学习的地方。总之，我觉得这是一篇富有创意的佳作，让人赏心悦目。

　　——700多名儿童合唱才是一堂真正意义上的"网课"，它通过网络，把700多儿童的心"网络"在一起，而这一切又做得那么自然，那么恰当，那么熨帖人心。这堂"网课"是一堂关注疫情、关心生命的大课。它的教材大、课堂大、手笔大、爱心大。身临其境这样的大课，每一个人都会有一种美好而崇高的生命体验——"那一刻,我长大了"。

——"消失吧,黑夜!/下沉吧,星星!下沉吧,星星!/黎明破晓时,我将赢得胜利!/我将征服一切,征服一切!……"聆听《那一刻,我长大了》,那一刻,我真的长大了,网课,不是简单的学校教学向线上教学的挪移,也不是一个屏幕对另一个屏幕的控制,而是心灵与心灵的连通,就像那700多名儿童一样,心连心,心印心。

——是用一生治愈童年,还是用童年治愈一生?显然,700多名儿童的合唱是后者。童年有了一个良好的生长背景,造就了阳光、向上的性格,遇到问题、挫折,甚至灾难,就能更容易以积极的心态去面对。700多名儿童的合唱,不是教孩子作秀,而是教孩子做人——"比我们更优秀、更强大的一代人将从这场可怕的考验中诞生。"从这个意义上来讲,这是一堂被上活了的课。我仿佛听到了孩子们生命拔节的声音。

……

"聆听同学的习作《那一刻,我长大了》,也聆听同学们讲评与赏析习作《那一刻,我长大了》",执教老师诚恳地说,"平心而论,你们每个人的讲评加在一起,变成了'大讲评',一定会超越任何一个个人的讲评,也包括我个人的讲评……每个大人的内心都住着一个孩子,我听到了我内心的孩子在说——听了你们的讲评,'那一刻,我长大了'!"

/ 教学反思 /

如上"网课"的习作讲评,带给我们的不应仅仅是一节物态上的公开课,还应有对习作教学评讲的深层追问:谁来讲评?讲评什么?怎样讲评?

谁来讲评呢?

在我看来,讲评最有发言权的是读者。一篇文章的第一读者是作者本人,学生的作文也不例外。如若在习作讲评课上交流,读者就是师生。所以,师生包括作者本人都可以成为讲评者。讲评的主体,不能机械理解为要么老师,要么学生,或者兼而有之,要从讲评的教学目标出发,根据具体的教学情境确定讲评主体。讲评主体不是"要我评"的被确定,而是在创设的教学情境中,自然而然、呼之欲出的"我要评"。"我要评"是学习者的自我呈现;"我要评"是不停地创造一个个"新剧场",任何一个学习在场的人既是聆听者,又是讲评者。

讲评什么呢?

讲评什么,可以预设,可以生成,绝不可一成不变,或者千课一面,或者一言九鼎。讲评什么的策略是大体有,具体无。大体有,意味着评讲指向文章中所有具有"可读性强"的呼吸空间,"我认为我所写的每一个字词,如果其背后不是在督促着做出实事的话,那就都是白写的、没有用处的"(尼采)。具体无,意味着并不存在一个从天而降的方法或者包打天下的方法,相反"不是想要什么,就给你什么;而是无论得到什么,都能从中找到你想要的那部分"。

怎样讲评呢?

话语的宇宙是一个自由的宇宙,毫无障碍,没有事先存在的"清规戒律",没有边界,没有限制,可以随心所欲地交谈,向每个听者敞开话语空间,他们会觉得特别的自在。评讲不能眉毛胡子一把抓,要抓就抓"陌生信息源",哪怕多元文化与多维文明也要自觉认同,拒绝"文化休克",通过评讲让生命在纸外复苏与增值。

习作讲评的困难并不在于提出新做法,而在于刈除老做法。为什么要刈除老做法?因为它们在不断重复自身的时候不能重新焕发活力。

综上的习作教学讲评开示:无论使用什么手段借助什么平台,都不如保持反省来得重要——它能让我们剥离掉宏观的教学情绪,观望微小的自己的异动与极端,认清自我的盲点,收缩个人的自负。如果每次习作讲评我们都敢说自己努力过,思考过,创造过,此课足矣。

一经触发孩子的思维，他们便会思接千载、视通万里，口吐莲花、妙语如珠，写出富有哲思的美文！

习作就是触发孩子的思维

——部编教材六上习作"变形记"创课

部编教材六上习作，旨在让学生发挥想象，把变形的经历写下来。基于此，笔者创教材，创设计，创教学。

一 // 激发兴趣：让每个独特的思维都开花

师：有人说，中国小朋友的想象翅膀，比不过美国小朋友的，你觉得呢？

生：我不服气，都是人，为什么他们就比我们强？

师：那就比一比，比想象，比思维，比智慧。

一位美国三年级的小朋友，写了一篇作文，谁来读一读？

生："我们几个小男生，到郊外去玩，在芦苇丛中发现了一只蛋。有的说是蛇蛋，有的说是鸟蛋，有的说是龟蛋……大家争论不休。后来，我们决定把蛋拿回去放到烘箱中去孵……壳快破了，大家紧张地盯着看……哈，蛋里孵出的是……"

师：蛋里孵出的是什么？需要我们猜想。这是和美国三年级的小学生比想象。当然，猜想，在这里没有对错，每个猜想都是美丽的。

生：（各发独想……）蛋里孵出的是小鸡、恐龙、手榴弹、一条龙、一只凤……

生：（这时一个学生突发奇想）蛋里孵出的是一位名叫孙建锋的老师。（惊呼！大笑！）

师：请（这位学生）站在自己的椅子上，蛋里孵出的是？

生：先孵出的是孙建锋，再孵出的是我自己。（大笑）

师：（再请这位学生站在自己的课桌上）更上层楼，（师蹲下身，伸长胳臂递过话筒，仰视学生）请告诉大家，蛋里先孵出来的是？

生：蛋里先孵出的是孙建锋老师。

师：蛋里又孵出？

生：又孵出了我。

师："双黄蛋"啊！（哄堂大笑）

师：请看"原著"（出示课件）——

生："哈，蛋里孵出的是奥巴马总统！"（笑）

师：其实你的想象并不比美国小学生的逊色。他想象孵出了奥巴马，你想象孵出了我们俩，"我们俩"大于"奥巴马"。（鼓掌）

……

/ 教学反思 /

"蛋里孵出是什么？"这是创设的第一个"变形记"情境。在激发兴趣中，每个孩子的想象都是独特的，特别是那个蛋里孵出"'我'和孙建锋"的学生，更加卓尔不群，丝毫不输给孵出"奥巴马"的美国小朋友。

为什么会这样？

因为在生命秩序中，每个生命的 DNA 不同、指纹不同、声线不同。一切个体都是独特的。每个个体的独特性，最终只有在面对其他独特的个体时才有意义，才得以形成，得以肯定，得以显露，这是一个开放生命的存在条件本身。故此，在上文教例中，笔者创设情境，尽情绽放每个生命个体独特的思维之花。独特的思维是一种能量。每个生命个体的独特思维，彼此相遇，相互碰撞，交织出不可思议的能量之网。思维相似的能量相互吸引着形成相似的"能量块"，一如蛋里孵出"'我'和孙建锋"和蛋里孵出"奥巴马"的相似能量，彼此相遇，相互吸引，相互"融合"，形成相似"能量块"。当越来越多的这种独特想象的"能量块"黏合起来，便会形成高级的联合思维。这是一种能够产生创造奇迹的潜在力量。我们没有理由不让每个独特的思维都开花！

二 // 潜移默化：引领学生从单一思维走向网状思维

师：我的朋友甲和乙，分别是两家创意公司的CEO。近日，他们发来两个微视频。请来观看朋友甲的视频1。

［播放视频1：有一个巨石人在山上玩弄巨石，突然，巨石滚落，加速度越来越大，眼看就要把山下的小镇夷为平地。巨石人奋力一跃，落在巨石的前面，用双手托住巨石。在惯性冲击下，巨石人的一只脚触到了小镇最前端的一座教堂的墙壁……（这时，视频戛然而止）……］

师："在这千钧一发之际，巨石人力挽狂澜，小镇免除了灭顶之灾。巨石人和巨石化为了一尊雕像，雕像成了小镇的一道风景，风景成了一处旅游景点。"

这原本是我朋友甲的公司主创人员创作的故事结尾，然而我的朋友甲却说：一般般，如此结尾，太缺少想象力！

老板说这个创意一般般，就意味着这个月的奖金泡汤了。（生笑）

我的朋友甲说，孩子们是想象的天使，能不能请小朋友们帮忙设计一个充满想象力的结尾呢？参与者"有奖"哦！

请你用一句话编一个奇妙的结尾，争取拿到这个"奖品"。

（给学生几分钟时间思考与创作。）

师：分享的想象才是最好的想象。你做好准备了吗？

（学生想象的结尾百花齐放。）

生：小镇上的人们为巨石人建造了一座宫殿，供奉他。

生：巨石人和那块石头被玉帝移到天国成为一道美丽的风景。

生：仁慈的上帝为了赞赏巨石人为小镇不顾一切的精神，击碎了大石头，把他变成了一个欢快的小孩，并加入皇室的行列。

生：当巨石离小镇只有1米时，突然"孙建锋超人"从天而降，与巨石同归于尽，人们为了纪念他，把他的塑像和孔子的塑像放在一起。

师："无限穿越""奇特组合"，感谢你们分享曼妙的想象！

朋友甲要颁发的"奖品"是分享他征集到的比较满意的一个五年级小朋友设计的结尾。

（播放视频1：巨石人尽管使劲了浑身解数，但由于巨石的惯性太大，后脚跟还是触碰了教堂，教堂钟声响起，随之便轰然倒塌了。闻声，小镇里每个人都举起兵器，霎时，万箭齐发……巨石人被激怒了，放了手，巨石继续滚落下来，碾碎了整个小镇，连同那里的居民……）（生大笑）

师：朗朗的笑声，表示了你对这个结尾的一种认同。我的朋友甲，很想知道你们对这个结尾怎么看，希望你们给他编一条微信。

……

师：我们一起来分享你的微信，好吗？

生：我原以为结局应该是巨石人保护了小镇，恰恰相反，结局是巨石人亲手摧毁了它拯救的村庄。不可思议。

生：小镇的人们没有理解巨石人的意思，反而恩将仇报，巨石人就毁掉了小镇。

生：山上，玩石，他是一个中性人；山脚，托石，他是个大英雄；山下，放石，他是个刽子手。巨石人，多面人。

师：中性人是？

生：就是介于一个极端与另一个极端之间的人。

师：由此我们知道了，想象思维不能仅仅是一条线，还有可能是三个面。巨石人在山上玩石头，无所谓好与坏，是中性人；石头就要滚落到小镇上，他力挽狂澜托住它，就是大英雄；放手毁掉小镇，他就是刽子手。

/ **教学反思** /

单一思维习惯于将刺激归入"A"或者"非A"。换句话说，就是习惯于非黑即白的思维模式。但是，思维是复杂而非简单的，是多元而非一元的，是网状而非直线的。因为世界是网络状的而不是直线型的。吉尔兹描述得最真切：人是悬挂在意义之网里的动物。意义是网状的，所以基于意义或被意义驱动着的人的行为就是多因多果的而不是单因果链的。

上文教例中，学生写道："山上，玩石，他是一个中性人；山脚，托石，他是个大英雄；山下，放石，他是个刽子手。巨石人，多面人。"这是基于对巨石人行为的动态感悟，运用朴素的思维网状，做出的洗练概括。巨石人在学生的眼里就是一个"变形人"，他生活在特定的情境之网里，其行为必然受到情境的影响，在不同时段、不同地点，面对不同的境遇，会做出不同的反应。教学要回归正常思维，就要潜移默化地引领学生从单一思维走向网状思维。

三 // 保持活泼：别怕不知道思维

师：这是我朋友乙发来的微视频2，我们一起分享。

[播放视频2：茫茫的雪野上，一群白人青年男女正为一场party布置道具……这时，来了一位不速之客——一只胖胖的黑狗熊。众人哗然，急忙躲避……胖胖的狗熊，大摇大摆地来到一台白色洗衣机前，背向镜头，起身站立……（镜头定格）]

师：胖胖的黑狗熊，接下来会做什么呢？朋友乙跟我说，只要"猜写"让人大吃一惊，就有资格看微视频2的原创续集！

（生奋笔疾书。交流分享略。）

师：每个人DNA是不一样的，每个人的指纹是不一样的，每个人的思维也是不一样的，各开各的思维之花。每朵思维之花都很美，在我的眼里，没有不美

的思维之花，孩子们，给自己鼓掌！（生鼓掌）

师：我们来欣赏一下原创的结尾。

（播放视频2：黑熊从白色的洗衣机里取出放进去的黑色外衣，黑色的外衣变成了白色的，它穿在身上，一转身，连头发也变白了，黑熊变成了北极熊……）

师：孩子们，微视频2的结尾究竟有什么味道，请独自"品尝"。

（生书写。）

师：再次放飞自己的想象，看谁的反应最快，谁就有可能抓到机会展示自己的习作，三、二、一！

生：（同学们争先恐后跑向讲台围着老师小手举得高高的，一名小女孩抢先展示）我觉得结尾意味无穷：雪是白的，洗衣机是白，卡拉OK是"白"的……

师：卡拉OK是"白"的？

生："白皮肤"的人创造的歌曲啊！

师：哦！难怪你把"白"字加上了双引号！请继续读——

生：黑熊走白的……

师："走白的"——好有创意的诗性语言。

生：用白的……

师：哦！它用白色的洗衣机。

生：唱"白"的……

师：卡拉OK里放的是"白人"的乐曲。

生：最后黑熊皮肤白了，头发白了，方向变了……

师：无论方向怎么变，黑熊、白熊，还是熊。（生大笑）

生：我可以借用这句吗？

师：那就是我们"合著"了！

朦胧诗，诗朦胧！（搬了把椅子请女孩坐下，同时请全班同学一起围坐她周围）我们来一起分享。（师蹲在女孩身旁）仿佛月亮树下，听月亮姐姐讲故事。

生：（声情并茂）雪是白的，洗衣机是白，卡拉OK是"白"的，黑熊走白的，用白的，唱"白"的，最后皮肤白了，头发白了，方向变了……可是，不论黑熊、白熊，还是熊。（生热烈鼓掌）

师：我可以把你抱起来吗？

（女孩微笑点头。）

师：（把女孩高高抱起）愿意仰视你富有哲理的想象，更愿意再次聆听你诗性的天籁之音！

生：雪是白的，洗衣机是白，卡拉OK是"白"的，黑熊走白的，用白的，唱"白"的，最后皮肤白了，头发白了，方向变了……可是，不论黑熊、白熊，还是熊。（热烈掌声）

/ 教学反思 /

"雪是白的，洗衣机是白，卡拉OK是'白'的，黑熊走白的，用白的，唱'白'的，最后皮肤白了，头发白了，方向变了……可是，不论黑熊、白熊，还是熊。"表象上看，学生写的是狗熊的变形记，实则是自己思维的变形记。

我不知道，我也无法知道孩子竟然能够思接千载、视通万里，口吐莲花、妙语如珠，写出如此富有哲思的美文！

每个课堂，每个时刻，每个教师，都会遭遇"不知道"。别怕"不知道"！怕密布着"收缩、封闭、逃避、隐藏、伤害"的负能量。苏格拉底说："我什么都不知道，我唯一知道的，就是我什么都不知道。"

在这个世界上，你有很多不知道的东西，只有在你认为你不知道的时候，你才有机会想要知道，可能去知道。

自以为"无所不知"的教师上课会不厌其烦地对学生耳提面命、滚动联播；而"一无所知"的教师常常带着学生去未知的海域发现"新大陆"。

教海探航，心海远航。每个教师都是终点和起点。

每一个人都有情有爱，公开表达爱，这是一件美好的事情！正值豆蔻年华，情窦初开时，情话是话中的一绝，情书是书中的一珍。

每句情话、每封情书都是爱情博物馆里弥足珍贵的馆藏。情窦初开时，一个人情书上写的比他想的、说的要干净。从这个意义上看，情书是最自然的真情流露，写情书的孩子是不会变坏的！

情窦初开

——部编教材六下习作"让真情自然流露"创课

师：如果说人生有两个钱袋子，在我看来，一个是物质的，一个是精神的。物质的袋子里钞票越多越富有，精神的袋子里词汇越多越富有。下面我们来炫炫"富"，请拿出你们的纸和笔，把"情"放在词尾，组成两个字的词语，譬如友情。

（生写词语。师边巡视边提示：写靠平时的积累，也靠现场发挥。）

师：请交流所写的词语。

生：亲情、爱情。

生：无情、有情。

生：感情、心情。

生：亲情、柔情、尽情、倾情。

……

师:"情"放在词尾,组成两个字的词语,仿佛是个大大的"钱袋子",里面还有很多枚硬币呢。

(出示课件,学生挨个读。)

友情　才情　亲情　痴情　表情
爱情　旧情　矫情　交情　感情
性情　真情　虚情　悲情　挚情
实情　国情　事情　心情　军情
民情　灾情　火情　病情　伤情
旱情　风情　雨情　人情　动情
还情　无情　深情　神情　柔情
热情　温情　讲情　求情　说情
纯情　敌情　抒情　剧情　钟情
乡情　行情　留情　倾情　殉情

(当读到殉情处,一个孩子卡住了,请大家教她读。)

生:(齐教)殉(xùn)情。

生:(跟读)殉情。

师:你再读一遍!

生:殉(xùn)情。

师:请你带大家读。

生:殉(xùn)情。

师:你原来不会,现在会了,增加了"一笔新的收入";同时还教大家读,做了小老师。这就是进步!掌声鼓励!(生鼓掌)

师:从刚才所读的一些词语中选一个最能表达男女情感的词语。

生:(脱口而出)爱情。

师:(诙谐地)如此渴望!(笑声)

师:别急!长大了,自然会慢慢经历。爱情是如此美好,就像它俩(出示一对耳鬓厮磨的白天鹅)。(一阵爽朗的笑声)

师:爱情对少男少女而言,是一个敏感而朦胧的词语。说你们都懂,其实并不懂；说你们不懂，多少也懂点儿。这就是懵懵懂懂的爱情，朦朦胧胧的爱情。听着"爱情"是否心跳加快了？

生：有一点。（全场笑）

师：爱情对人生而言是一个真实而美丽的词汇，对孩子谈"爱"色变，大可不必。你认为爱情是从何时开始的？

生：从青春期开始的。

生：生下来便开始了。（笑声）

师：在神话里，是从丘比特的那一箭开始的；在科学里，是从丘脑分泌爱情兴奋剂"多巴胺"开始的，多巴胺源源不断地分泌，爱情势不可当地勃发；在生活里，是从情窦初开开始的。

师：（相机出示：情窦初开）这四个字，最不容易理解的是哪一个字？

生：窦。

师：谁了解窦的意思？

生：我妈妈姓窦。（一片笑声）

师：反应很快！不过那是一种姓氏。不知道窦的字义没关系，我们怎么解决问题？

生：查书籍资料。

生：请教别人。

生：百度一下。

师：是的。学习不会字词的路径有多条，条条大路通罗马。孙老师也曾百度了一下。

窦：孔穴；情窦：情意的发生或男女爱情萌动。情窦初开是指刚刚懂得爱情。它出自清朝李渔的《蜃中楼·耳卜》。原句："我和你自情窦初开之际，就等到如今了。"

师：你现在了解窦了吗？

生：明白了。

师：情窦初开，是爱的序曲。它有着无可言状的美：既朦胧、懵懂，又曼妙、绵密；既让人冲动，又让人心醉。

我们一起欣赏一段《情窦初开》的视频。

（播放微视频1：国外的课堂上，小学生阿达被女老师美丽的笑容、甜蜜的声音深深吸引，深深陶醉其中，下课了还托着下巴痴迷地望着老师。放学后，同学们都离开了教室，小学生阿达竟然向老师表达爱意，并送戒指一枚，那是他用零用钱买的。帕蒂老师欣然接受，并高兴地戴在左手无名指上……）

（视频牢牢地抓住了每一个同学的眼球……）

师：一个示爱，一个受爱，爱的花就悄然开在教室里，美得让人流泪。

如果这个阿达是你，帕蒂老师是你现在的老师，你会怎么样？请同学们我手写我心。

（生奋笔疾书……）

师：愿意表达自己的请举手，想要表达自己想法的请站起来，迫不及待地想表达的请站到我身边来。（全场笑）

（四位勇敢的学生自信地站到了讲台前。）

师：你们四位脱颖而出！你们是靠自己的觉醒上来的，这一刻你们很幸福的，赢得了展示自我的机会！

生1：我不会对老师做这样的事情，毕竟那是我的老师。一日为师，终身为父。

师：帕蒂是位女老师啊！

生1：一日为师，终生为母。

生2：如果我是阿达，我会对帕蒂老师表达我的爱意。因为老师在讲课的时候，她的表情是那么迷人，她的眼睛会说话。

师：情从何来呢？影片触发了她的爱，她的情，情由心生。

生3：如果我是阿达，我会向帕蒂表达我的爱意，我会让她明白什么是爱。

师：老师教你知识，你教老师什么是爱。

生4：帕蒂可能会等着阿达，毕竟这是一件美丽而又甜蜜的事情。只希望他们的感情不变。那是一朵美丽的用爱情灌溉出来的花朵。正如张爱玲所说，一年年梨花似雪，吹落了人世烟雨红尘，爱情是一只美丽的虱子，爬满了我的舞爪裙，我很愿意。

师：（学生话音一落，台下响起热烈的掌声。我相机搬了一把椅子过来，请她坐下，小女孩心花怒放，羞答答地坐下了。）你配坐着，我配蹲着。我现在从一个大男孩变成了一个小男孩，仿佛月亮树下，依偎外婆身旁，听她讲故事。请你再说一遍，我很愿意听。

（生4又讲了一遍。）

师：张爱玲的话，她的本子上并没有写完整，怎么就读出来了呢？

生：曾经读过她的书。

师：（追问生4）读书，什么时候变得有用？

生4：写作和表达感情的时候。

师：你贵姓。

生：我姓罗。

师：我称你为小罗老师了，因为你教我怎样"活读书，书读活"。

（生4深深地向我鞠了一躬。这一躬，是即刻的发自内心的感动与尊重，当我以自身生命和学生生命对话时，学生的情感就会与我在一个频率上共振。）

师：人生就是这样一个舞台，舞台都是自己登上去的。人生就是一场场表演，自己就是演员。我们的四位孩子很棒！（掌声）

师："情窦初开"开在了教室里，我们有目共睹。情窦初开，允许开在家里吗？写下来！

（师巡视写作。）

生：我认为是允许的。妈妈生我是痛苦的，爱情可以表达为感恩之情。

师：他对母亲表达爱就是表达感恩之情，他母亲用爱融化了他。

生：我认为从科学方面来讲，不能对父母（有血缘关系）的人表达这种爱情。

师：你们怎么看？

生：我认为可以，可以向父母表达养育的爱情，不是你们所谓的"爱情"。

师：思维之花是异彩纷呈的。春天来了，百花齐放，大自然不强求每一种花都开得一样。

下面我们继续分享视频《情窦初开》。

（播放微视频2：阿达一家围坐在餐桌旁用餐，其乐融融。阿达开心地问妈妈："我什么时候可以恋爱呢？"妈妈说："不知道，也许16岁吧！怎么？你有什么事要说吗？"阿达说："我有喜欢的人了。"爸爸和妈妈相视一笑，接着埋下头吃点心，嘴角处一直洋溢着微笑。）

师：这才是问题"情窦初开，允许开在家里吗"的本意。这里的允不允许，指的是自己的小秘密能不能和爸爸妈妈开诚布公地讨论。（生恍然大悟）

师：情窦初开，如果遇到了"情敌"，你怎么办？请用笔说话。

（生情趣盎然，表达自己的内心想法。师悄悄躬身走到到每一个同学身后，迅捷地现场圈阅学生的习作……生仿佛被施了魔法似的，越写越带劲儿……）

师：请习作上被我标注了星号的孩子站起来，其余的同学观察这几位孩子，推荐一个上台来。

生1：我选罗红美。

师：为什么？

生1：因为她的言语组织能力强。

师：能者多劳啊！

生1：多劳多得啊！

师：多得多好啊！（笑声）

生2：我想我会视情况而定。如果是暗恋，我会想起张爱玲的话：我爱你，关你什么事，千怪万怪也怪不到你身上去。也许是退出，也许是放弃，让自己变得更优秀，追求更美好的人生。也许是上前一步，去追逐你身上的优点。

师：你说她语言组织能力强，你现在怎么看？

生1：很棒！达到我的预期效果。我认为她的语言有不可言状之美。

师：你对他的评价满意吗？

生2：谢谢你的赏识，我感激不尽。

师：同学之间就要这样，互相欣赏、互相鼓舞、共同进步。奖励大家继续观看《情窦初开》。

（播放微视频3：自从阿达有了心事以后，整日念念不忘帕蒂，在日记本上写帕蒂的名字。有一天，阿达百无聊赖地在大街上走着，头埋得低低的，边走边踢着石子儿。突然，一个熟悉的声音响起。他抬头一看，是帕蒂。他双眼放光。帕蒂夸他的鞋子很酷，他心里美滋滋的。正当他开心时，帕蒂身边来了一位小伙子。帕蒂热情地说："这是我的学生。"小伙子瞧了阿达一眼，催促着说："快走啦，要迟到了。"

阿达望着他们远去的背景，心里很失落。他想起了帕蒂手上的钻戒……一天，放学后，那位小伙子开车在校门口接帕蒂，嘴里嚼着口香糖，极不耐烦地拍打方向盘，吼道："每次都是最后一个！"阿达轻敲车窗，和他打招呼，并郑重地说："你不能和帕蒂结婚。"男子说："凭什么？"阿达说："就是不行！"男子说:"我知道你喜欢帕蒂,但是你太矮了,你没有钱供养她,她的开销很大的。"阿达说:"你不能和她结婚,我要和你生死决斗"。男子轻蔑地说:"可以!在哪里?剑还是手枪?""手枪!"男子伸出手想和阿达握手,表示一言为定。这次,阿达高傲地走了,不屑于和他握手。车窗里,男子尴尬地笑了一下。约定的时间到了。他们来到了一个废弃的仓库里,大约长10米,宽5米。男子根本没带枪,他忘了,可阿达带了手枪。男子装着若无其事的样子问阿达:"玩具枪?""不是的!""你哪里弄来的?""我父亲的。"男子开始焦虑起来,这时帕蒂跟上来了,恳求阿达把枪放下,阿达没有放下。男子更加惊慌了,他对帕蒂咆哮道:"快去叫警察!"阿达一步一步逼近他。男子脸色大变,惊慌失措了,阿达说:"你告诉帕蒂,你不愿意结婚。"男子看见阿达的手准备扣动扳机,立马下跪了,嘴里骂道:"谁想和她结婚,她催得紧,我不过是嫌她烦,说着玩,堵她嘴的!"并乞求道:"别开枪!别开枪!……"帕蒂快被气疯了。男子不停地说:"求你了!求你了!"阿达无动于衷。男子情急之下,开始辱骂帕蒂。阿达扣动扳机,只听"砰"的一声,男子倒下……)

师:故事戛然而止,它的结局向每个人开放着——阿达扣动了扳机,枪声响起……请根据故事情节,展开想象,续写结局。

(学生被激活,思绪泉涌……)

师:(边巡视边轻语)想象没有边界,思维的花朵是美丽的,作家就是在此刻诞生的。

师:(五分钟后)到目前为止,还没有在大庭广众之下发言的,请站起来!有谁愿意发言的,请走到前面来……

(诚实的学生走上来,老师请他们结对互读互赏习作。)

师:读习作的机会是自己争取的,自告奋勇表明的是自信。

生:阿达去了少年拘留所,成年后坐了牢,他为冲动付出了代价,后悔不已。

师:悲剧收尾。

生:我想阿达会把那个情敌打死,斩草除根。因为爱情容纳不下第三者,要么置于死地,要么自觉离开。

师:有自己的逻辑!

生:他手上拿的那把枪是左轮945,威力3.8焦耳,容易打穿松木。如果正中头部的话，人很可能死亡，如果打中手或脚会致残。但他命中率低，70%打不中，主要原因是他的握力不够，如果打中了的话，他将会在监狱度过余生。

师：你发现他用了什么方法表明手枪的威力？

生：用数字。

师：用数字说话准确有力。

师：台下的同学推荐一名平日较少发言的同学上来。

生：黄显锐。

师：请你上来！

生：最后阿达对着墙壁开了一枪。他觉得男子说得对，他还没有能力养帕蒂，他走了出去。

师：虽然他平时发言不多，但这次表现不错，敢于上台展示自己的习作。

……

生：说时迟，那时快，子弹飞速穿过，"情敌"应声倒地，顿时脑浆迸裂，一命呜呼……警车呼啸而来，阿呆被带走……临走前，他不住回头望着帕蒂，说：等我……

师：怎么看他的结尾？

生：他应该去做导演。

……

师：一人一种心境，一人一种想象。想象的永不褪色，情感的永不失去，优美的永不变迁。

让我们继续分享《情窦初开》故事的结局。

（播放微视频4：阿达扣动扳机，男子应声倒地。帕蒂惊恐万分，只觉得眼前一黑。一分钟后，男子睁开双眼，发现只是一把玩具枪，生气地怒吼："该死的！"帕蒂取下戒指，扔给他，护着阿达，快速撤离。当他们走在草地上，帕蒂把玩具枪装在自己的袋子里，说由她保管更安全，并取出阿达送他的戒指戴上。阿达说："经过这件事，我决定不和你结婚了！"帕蒂问："为什么？""我没有稳定的财富供你的需要。我想要给你所有最好的。"帕蒂说："将来有个女孩会很幸福的！"说完，她抚着阿达离开。）

师：看完《情窦初开》，有人说，阿达是用真爱揭露虚假的爱，阿达勇敢地表达了对帕蒂纯真的爱，阿达在爱的过程中学会了爱。还有人说……写下来。

（生写，师巡视，1分钟。）

生：阿达在这场虚假的爱中认清了自己的内心世界，学会了如何去感受爱。

师：还有人说——

生：阿达在虚假的爱中明白了什么才是真爱。

师：还有人说——

生：阿达通过这件事学会了什么时候才应该爱。

师：还有人说——

生：阿达懂得了如何表达爱。

生：阿达明白了应该追逐最长远的未来，爱在长大的未来。

生：阿大明白了什么是虚假的爱。

生：阿达因为这件事更成熟了。

生：阿达明白了爱不是虚伪的，更不是自私的，等自己以后有实力了才能保存这份纯真的爱。

师：有人说，帕蒂接受阿达的爱也是一种爱；有人说，帕蒂用爱引导阿达领悟爱；有人说，帕蒂不以老师的权威封堵爱，而以爱疏导爱；还有人说……（生书写）

师：边写边听一下别人是怎么写的。还有人这样说——

生：帕蒂没有束缚这个孩子懵懂的爱，而是将这份爱小心翼翼地保管起来，没有去伤害，这让阿达明白了真正的爱。

师：这个孩子说的就不懵懂，很清楚，了不起。还有人说——

生：还有人说帕蒂在教阿达爱，让自己也学会了被爱。

师：好，爱和被爱的关系，很清楚。

生：帕蒂以自己的爱情教会了阿达爱情是如何来的。

师：以自己的爱情来教会别人去爱，多么有哲理。

生：帕蒂认清了这场虚假的爱，找到纯真的爱。

师：爱的虚假与纯真是通过这场爱分辨出来的。

虽然《情窦初开》这个故事是虚构的，但是带给我们的感动、带给每个读者的思考却是真实的。看了《情窦初开》，我想说（屏显）——

生：如果说爱恋中不能激发一个人的优秀品质，这个人可能根本就没有那些品质。

师：人在恋爱中无勇可能终身无勇，人在恋爱中无德可能——

生：终身无德。

师：热带鱼如果在恋爱中不能通体发光，那么它到什么时候才能发光呢？它的光和热、它的最美是献给它的最爱的。看了《情窦初开》，我还想说，爱情的万分之一是——

生：佳话。

师：万分之一是——

生：悲剧。

师：万分之九千九百九十八是——

生：生活。

师：佳话通常是供人欣赏的，悲剧是供人——

生：咏叹的。

师：生活才是身体力行的。生活让阿达对帕蒂说——

生：经过这事我决定不和你结婚了，我还没有财力满足你所要的生活。

师：经历就是财富，经历就是最好的老师，经历让小小的阿达认识了对老师的爱还没有达到完全的成熟。请再读一遍。

生：经过这事我决定不和你结婚了，我还没有财力满足你所要的生活。

师：养活自己、养活爱人都是需要条件的，财力是其中最重要的条件之一。人最神圣、最纯真的情感是初恋。初恋是美学，人有初恋，天有朝霞，人无初恋，地无春花。有了初恋，人的内心世界才有"春水渡旁渡，夕阳山外山"的深层风景，人的精神世界才能开始真正的脱贫。《情窦初开》里的阿达对老师帕蒂的爱，可以在教室里公开表达，我们可以吗？要叩问自己：他可以在家庭里与妈妈"对话"，我们可以吗？追问自己：一个孩子情窦初开的爱，还可以在哪些公开场合展示呢？写一写。（生写习作）

师：请发表自己的看法。

生：可以在公园里。

生：可以在心里。

师：（幽默地）这是一个"闷骚"的小男生。

生：我觉得可以在咖啡馆里，冲一杯爱心形状的咖啡，然后送给自己的初恋。

师：很浪漫，不过，女孩子要小心了，他约你去咖啡馆的时候，可能有想法。

生：可以在某些公共场合里。

师："某些"有些模糊，我们擅长模糊，模糊的模糊是准确，准确的准确是抵达。某些公共场合，譬如——

生：电影院里。

师：哈哈，特别是关灯放映的时候。

生：我觉得可以在浪漫的星空下。

师：在浪漫的星空下。夜色朦胧，群星闪耀……让我们来共同享受一次公开示爱，这是一场别开生面的"情窦初开——

（播放微视频5：一台综艺节目上，一个异域的小男孩在公开宣读他的"情书"——我第一次和你唱歌的时候就喜欢你了，那感觉太美好了。我一见到你，心就怦怦直跳。我确定我喜欢你，你喜不喜欢我，我到现在也不能确定。在你家里，我们一起看繁星，玩水枪，堆城堡……那画面我一直忘不了。台下坐着的小女孩激动地冲上去，回赠小男孩一个吻。然后他们牵手唱了一首情歌，情节推向了高潮……）

师：生活中，或想象中，谁没有自己心仪的异性朋友？写一段话给自己的白雪公主或白马王子，不用署名。

（同学们专心写作，播放十分钟舒缓的音乐。）

师：文章是自己精神的孩子，没有人不喜欢自己写的文章，喜欢它，你就放开声音，自己读给自己听。（生读）

师：勇敢地向同桌公开情书，同桌互读。（生交换读）

师：第三个层面是大庭广众之下公开读。人人都可以读，这次机会是公平的。当然聆听比朗读还重要，聆听是对别人的尊重，也是对自己的尊重。

师：愿意第一个展示情书的一定很勇敢。

（一个女生勇敢走上台展示。）

师：（轻抚她的肩膀，笑着征求她的意见）你读自己习作的时候，可以选择面向同学站立，也可以选择面向台下的老师站立。（孩子大大方方地转向台下听课的老师们）敢于挑战自己，赢得自信。

【学生情书1】

生：我经常会想象在星空下，和你肩并肩坐着，数着天上一颗颗亮晶晶的星星。

在咖啡馆里，拿着勺子，轻轻地搅动，呆呆地注视着窗外，看那随风飘落的叶子，静静地等待着你。

夕阳下，霞光映红了我们的脸。面对着浩瀚的大海，聆听着朵朵浪花歌唱，与你肩并肩，忘记了时间，忘记了一切，只记得眼睛中的你，那个一起静静聆听岁月的你。

师：哪位同学敢于评价她的情书？

生：写得非常好，有身临其境之感，特别是三个场景——繁星下、咖啡馆里、夕阳下，让我看到了美好的画面。

师：你身临其境过？（生摇摇头。这位男孩被邀请到前面，和女孩站成一排。话筒递给女生。）你对他的评价满意吗？

生：还可以。

师：追求完美，是精进的源泉。一对金童玉女，两小无猜，一个朗读，一个赏读，真美！你俩敢牵手吗？

（两位孩子都害羞地摇摇头。）

师：那好！敢牵我的手吗？

（两个娃娃兴高采烈地拉着孙老师，左手一个，右手一个，老师一直把他们送回座位……）

【学生情书2】

生：你是大海的水，我是海里的鱼，我们一起去迎接海上的日出。

师：大海的水永不干涸，海里的鱼万世长存，你我鱼水亲和，相爱相伴，看每一个日出日落，何其浪漫！何其美好！只有童年才会写出童诗，只有童真才焕发蓬勃的活力。（把话筒递给旁边的小男生）如果有一天，你有这样的女朋友……

生：我做梦都会想着这份美好。

师：这是对这封情书的最高评价！

【学生情书3】

生：你阳光、爱笑、帅气。机缘巧合，我认识了你，你可能不记得我了，但我记得你，当我追赶上你时，让我们一起并肩作战吧，我心目中的白马王子！

师：她心目中的白马王子有三个关键词——阳光、爱笑、帅气。男孩子要好好修炼哦！

【学生情书4】

生：嗨，你好！我已经喜欢你很久了！当我读四年级时，你出现在我身边！到现在，你跟我的距离很近，但也很远。不管有多远，都会传到你身边！

师："到现在，你跟我的距离很近，但也很远。不管有多远，都会传到你身边！"写着写着，就把自己写成了哲学家。

【学生情书5】

生：我们都处于学习状态当中，可能还没有了解和认知到爱是什么，但是我们能够理解的是，你开心我就开心，能为你做力所能及的事就很好。可能没有过多物质上的欲求，但只要每天一句"早安，吃饭了吗？""起床了，小懒猪！"，都是一份美好的回忆。我们不是最优秀的，但能做到彼此心有感应便是最好的。只要能默默地看着你，你每天的一个微笑，就能激发我一天的热情，只希望能够帮助到你，你是我最初的梦想，我保证不让你吃醋，哄你开心，给你钱花！

师：读完以后，她羞涩地用手摸了一下额头，捂住眼睛，手又顺势滑下去，捂住嘴巴。我想，她的嘴角留着蜜，手掌下面是满满的幸福。这样的小女孩，适合过日子，将来谁娶了她谁幸福！

【学生情书6】

生：我喜欢你，你就像冬天的梅花那样坚强地绽放，我希望开心伤心的每一天都有你的陪伴，你确实很优秀，我感到……

师：省略号，意味无穷！

【学生情书7】

生：不管以后的日子有多难，我俩可以一起闯，你愿意吗？我可能不是很有钱，但可以合法挣钱，做好家庭的顶梁柱。我想和你一起看日出日落……那我们先做一对树上的鸟儿吧，起来就唱歌——我……我爱你！

师：共甘共苦，共同奋斗！满满的正能量！

【学生情书8】

生：我小时候特喜爱芭比娃娃，希望自己的那一半有一张精致的娃娃脸，身材高挑，童心未泯，你永远可以做我的弟弟，那样，我更好疼爱你！

师：单纯美好的姐弟恋！（笑声）

【学生情书9】

生：你是我睁开眼第一个想到的人！你是天上的白云！你是海里的美人鱼！

第四章 习作教学

我喜欢你!

师:每个叹号都含情!情诗!

【学生情书 10】

生:你时常在我梦里出现……

师:日有所思,夜有所梦。(笑声)

生:你的眼神似大海一样深邃。

师:少年老成。(笑声)

生:我愿意把世上的情话都与你说尽,我愿意向你敞开我的心房。有你的世界,阳光明媚;无你的世界,暗无天日。世上最好的赞美诗都不如你的一句话。你像罂粟花一样,让我上瘾;你像一只白兰鸽,我想轻抚你的翎羽……我知道,这是梦中的你……

师:情书,情圣!好好珍藏你的梦!

【学生情书 11】

生:我从来不敢正视你一眼,我每次看到你,我的心跳如弹簧一样快。

师:(顺势手语,模拟弹簧)"怦""怦"……

生:(小男孩羞涩地笑了,声音放得更开了)你那天真无邪的笑容让我一次次陶醉,自从见到你开始,你的音容笑貌就萦绕在我耳畔。

师:耳畔换成?

生:脑海。

师:或者?

生:心间。

【学生情书 12】

生:或许你还没有出现,或许你就在街道的某个转角处,或许与你某年某月某天就会不期而遇。虽然现在还不知道你的样子,但有一天你突然从天而降,就会带给我无限惊艳与美好。

师:企慕之情溢于言表,明天更美好!

【学生情书 13】

(生摇摇头。)

师:不愿意分享你的情书?

生:暂时保密。

师：尊重你的选择。你可以继续聆听，分享他人的美好！

【学生情书14】

生：你就像一颗闪亮的星星，在我心中像白雪公主那样美丽，你像春风从我心里吹过，像太阳照在我身上，沐浴着你！你是天使！

师："沐浴着你！"这个"沐浴"用得很有创意！

【学生情书15】

生：当我第一次看到你的时候，我的心跳加快，难道是因为刚才跑了步吗？不，我没有跑步。我不明白那是怎样的一种感觉，我停下手中的事站起来，只是静静地看着你，看来这就是一见钟情吧！我六岁时看到你，到现在也无法忘记。虽然不知道你现在长成了什么模样，但你在我心中的形象一天比一天美。我知道，我太小了，无法追求你朦胧的爱。只想快点长大，可是对长大也有一种恐惧，我怕你不会出现。

师：为什么害怕长大？

生：我害怕长成世俗的大人！

师：孩子，别怕！即便长成大人，一样可以永葆童真！

【学生情书16】

生：啊！你就像大地上一朵朝气蓬勃的小花，像水里一只活泼的小鱼，像天空中一只飞翔的小鸟。每当看见你，我心怦怦直跳，面部通红，你的脸就像一朵绽放的玫瑰花，在大地上那样的美丽自然。我是真心喜欢你，你有时高兴，有时伤心，有时活泼，有时矫情，但在我心中，你在人群中那样耀眼夺目。可是一年后，我再也见不到你了。因为我们毕业后将各奔东西。有很大可能不再相见，但你的面容已在我心中扎了根，即使到了别的学校，我依然能记住你的面容，因为你是我心中的白马王子。我想对你说：I love you！

师：同学情谊，地久天长！

【学生情书17】

师：不知在哪一刻，我竟然盼着你的到来，每一天的夜晚，不管是否有星星，我都会站在自家的阳台上，想象着你的模样。我总是在极力眺望，甚至连自己都不知道在眺望什么。也许眺望的是你的阳光，你的性格，乃至你的一切。有时候，你讨厌得像猿猴，有时又觉得你像超人，十分帅气。说实话，我蛮讨厌你的，但是也从心里对你有一丁点的喜欢。你很幼稚，和我一样，我有些时候居然会想起你，然后不由自主地去看一遍《巴啦啦小魔仙》。我的身边有你来过。仅此而已，希望在未来，我们的爱情红得像滴水的玫瑰。岁月静好，时间永恒，我踩着树叶，等待着你。

师：《四川教育》的主编就坐在台下，这么好的小学生作文，他会心中有数的。

【学生情书18】

生：嗨，你好！你漂亮如清晨的露水，我想对你说，我爱你！当我第一次看见你，心中就埋下了一粒希望的种子，我想以后的日子我俩会度过一生，让我们牵手吧，走进婚姻的殿堂！你愿意嫁给我吗？

师：到法定年龄了吗？（笑声）

（生摇摇头。）

师：你知道婚姻要承担的责任吗？

生：知道！不管以后的日子有多难，我俩一起闯！无论生老病死，我们都一起牵手走！你愿意吗？

师：你有正当的收入吗？

生：我可能没有那么多钱，但可以用自己的汗水挣钱。

师：够男人！

生：我们一起化蝶吧！

师：做梁祝啊？

生：我们一起翩翩飞！

师：飞向哪里？

生：飞向苍山洱海，飞向马里亚纳海沟，飞向茫茫太虚，飞向人间仙境……

师：每一个人都有情有爱，公开表达爱，这是一件美好的事情！我们正值豆蔻年华，情窦初开时，情话是话中的——

生：一绝。

师：情书是书中的——

生：一珍。

师：每句情话、每封情书都是爱情博物馆里弥足珍贵的——

生：馆藏。

师：情窦初开时，一个人情书上写的比他想的、说的要干净。从这个意义上看——

生：情书是最自然的真情流露，写情书的孩子是不会变坏的！

师：再来一遍！

生：（大声诵读）情窦初开时，一个人情书上写的比他想的、说的要干净。从这个意义上看，情书是最自然的真情流露，写情书的孩子是不会变坏的！

（下课。）

教学反思

在我看来，真情自然流露，就是真实。

1.真实，意味着尝试用孩子们的视角来解构这个复杂的世界。

哪有那么多山高水远，也不可能总是天高云淡，关上教室的门，见到的是自己，是那群孩子，是身边人。教学的味道都在一课一创里，最为真实。

但，有时候总以为我们离真实的教学很近，其实真实离我们一直很远。如果说"孩童"对梦幻的教学王国还有憧憬，那么，对所有角色都到了麻痹年纪的"成人"，则太讲究实惠，太过真实，真实到令人畏惧。

故此，在习作教学中，我们要从这种一切讲究实惠的"成人"世界的真实中逃逸出来，逃往孩子世界的真实，这一过程本身，就是在逼近一种童话般教学的真实。

如果说上述习作教学创课企及童话般的真实，那么这种童话的真实，意味着尝试用孩子们的视角来解构这个复杂的世界。

我想只有少许目光敏锐的人才能够发现这一节习作教学创课的秘密，然后更加热爱这个童话教学世界。我愿意做回孩子。

2.真实，意味着以生命唤醒生命的对话建立与孩子们的联结。

真实，意味着教师的真诚度。教师的真诚度是教师这个人与他所言之间的距离。上述习作教学创课中，为了让孩子把握并存持阅读的活力，我剪辑微视频文本让孩子屏读，孩子们于兴趣盎然中勇敢地从惯常由文本提供的叙事学想象和符号学分析中抽离出来，不再把与文本对话当作解码的任务，而是将其视为经验主体投入身心的行动，这是个体去体验其存在方式、姿态、韵律的美好机会。当文本生命唤醒学生生命，阅读不再是加载而是卸载；让文本汇聚灵魂，而不是加重知性的负担或已有判断的筹码。于是，孩子的心门洞开——豆蔻少年纯情怯，一纸素笺载相思，一封封"情书"如幽兰飘香，似仙弦轻舞！

当然，生命唤醒生命的对话在某种意义上都是能量的耗用，每一次对话都是一次探险。教学中，我把"真诚"放在很高的位置，通过对话给孩子完足的安全感——"情窦初开时，情话是话中一绝，情书是书中一珍。每句情话、每封情书都是爱情博物馆里弥足珍贵的馆藏。情窦初开时，一个人情书上写的比他想的、说的要干净。从这个意义上看，情书是最自然的真情流露，写情书的孩子是不会变坏的！"

3.真实，意味着习作教学创课真正构建习作教学文化的新坐标。

习作教学创课到哪里，哪里就是习作教学文化的新坐标。上述习作教学创课的课室是名副其实的"孩子的客厅"，是师生情感联结的精神纽带，是孩子精神圣殿的自由王国。它使每一个孩子对写情书从不彷徨与畏惧，它给了每一个孩子"远离地方，排空私己，写就是了"的绝对安全与充分自由。

这种我手写我心的习作自由是一种真正的习作自由。

构建习作教学文化的新坐标，就是要构建这种习作自由。"自由是存在于灵魂深处的礼物，"劳伦斯声称，"你无法拥有，如果它不在你的体内的话"。也许它的确是一种礼物，但并不是放置在哪里等着被取走的。自由是一种能力；认识到自己具有这个能力，则需要历经不计其数的间接障碍和弯路。"写作如同对自己进行一场正式的访问。我有特殊的空间，靠别的什么在想象的间隙中回忆，我在那里欣悦于对自己的分析，分析那些自己做过然而不曾感受过的东西，那些不曾被我窥视过的东西，它们像一张悬在黑暗中的画。"（佩索阿）曲径通幽处，妙不可言。

第五章

口语交际

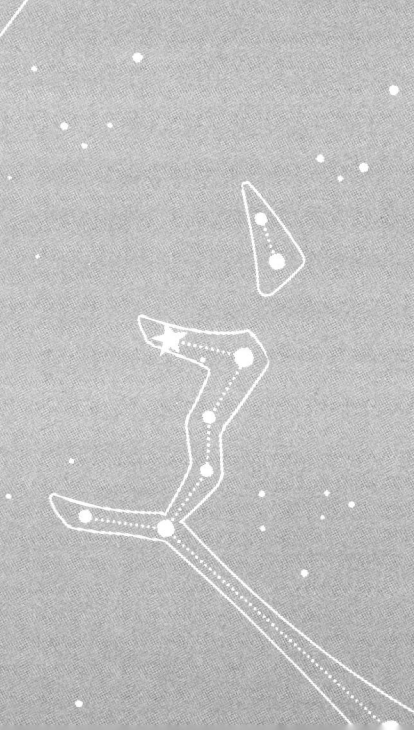

时时、处处、人人都有自控音量的意识，终生养成自控音量的习惯，才是口语交际《用多大的声音》教学的本意与鹄的。那么，我们怎样才能达至？创课！天地之间，一生很短，只够有限的创课入心。在心里，把有限的创课多留一会儿吧。

声音是一种文明

——部编教材一上口语交际《用多大的声音》教学创意

一 // 我们一起去第一现场

1. 老师办公室。

师：（带领孩子们来到一年级老师办公室，老师们正在安静地办公）请一位同学上前用合适的声音向老师打声招呼，其余同学在门口或者窗口仔细观察。

生：（轻轻走上前，面带微笑，尽量压低声音）老师好！

（正在办公的老师也压低声音回话："你好！"）

2. 学校操场上。

师：同学们正在拔河，请大家过去做他们的拉拉队，为他们加油助威！

生：（放大声音）123！加油！加油！

3. 医院病房里。

教师轻轻走过去慰问一下病床上的病人。

学生分别到不同的病房，给不同的病人送去慰问与关爱。

4.农贸市场里。

师：请到不同的摊位，向摊主询问商品价钱并进行交谈。

学生有的到肉食区，有的到果蔬区，有的到干货区……主动与摊主交流。

……

二 // 我们一起讨论声音的大小

师：刚才我们去了第一现场并有了切身的体验，"用多大的声音说话"，取决于什么？大家一起讨论。

生：老师办公室，为了不打扰老师办公，说话声音要轻；学校操场上，同学们正在拔河，作为拉拉队，加油助威要大声；医院病房里，安慰生病的人要有爱心，要柔声细语；农贸市场里，地方大，买卖的人多，交流要大声，要把话说清楚。所以，用多大的声音说话，取决于地点。

师：总结得很好！用多大的声音说话，取决于场合。

生：用多大的声音说话，既取决于场合，又与交谈对象有关。比如，医院病房里，我遇到的那位老人听力不太好，为了让她听清楚，我说话的声音就适度放大了。

师：是的，用多大的声音说话，要看具体的交谈对象！

三 // 我们一起分辨声音

师：公交车上，与你并排坐着的一位男士一直打电话，20分钟的车程，他一直高分贝地喋喋不休……

生：这种现象常常发生，公交车上是一个公共空间，需要每一位乘客都保持安静。偶尔打个电话可以，但是不能肆无忌惮地放大嗓门，要考虑其他乘客的感受，尽可能地放低声音，不影响他人，这是乘车常识，也是一种文明。

生：上次和爸爸一起参加一个婚宴，家长上台面对亲友讲话，好像犯了错误被老师请到办公室说明原因的学生似的，唯唯诺诺，声音很小，一点也不大方。

生：自己孩子的大喜事，家长应该大大方方、热情洋溢地讲话！

生：去年暑假，在老家，我看到一位小朋友掉到河里了，可是我不会游泳，于是，我就拼命呼喊："救命！救命！"一位叔叔迅速跑来，跳入河中，落水的孩子得救了！

师：做得好！用多大的声音说话，要看地点，看人物，看情况，不能一概而论。每个人都能做到合适得体，既是一种修养，又是一种文明！

……

教学反思

用多大的声音讲话？在公共场合（除了可以放开玩儿的地方），说话声音应不让第三个人听到，做事不能随心所欲，从小学会考虑他人感受。这不啻是一节口语交际课，更应该是一堂人生大课。由他觉到自觉，由觉醒到觉悟，是我们每个人都必须修炼的功课。在这门功课面前，我们是否及格了，很难断论啊！时时、处处、人人都有自控音量的意识，终生养成自控音量的习惯，才是口语交际《用多大的声音》教学的本意与鹄的！

不易被风吹散的是勇敢的创课，敢创就是一种"撩拨"——"撩拨"自己，亦"撩拨"他人——"撩拨"大家一起去开创！想到了就去创，创了就是成长！

请相信：创课也是生活，既有粮食和蔬菜，又有诗和远方，还有你我。天地者，万物之逆旅也。天地之间，一生很短，只够有限的创课入心。在心里，把有限的创课多留一会儿吧。

> 如何引领学生抓住核心要素推荐一部动画片并让听众兴趣盎然?

紧扣要素，学习推荐

——部编教材二下口语交际《推荐一部动画片》教学创意

一 // 视频激趣，导入主题

播放《疯狂动物城》片段。

1. 说一说动画片的名称。

2. 讲一讲主要角色与精彩片段。

二 // 示范推荐，小组PK

1. 做出示范：动画片《神偷奶爸》，老师很喜欢，特别是其中的小黄人军团很有意思。这些短胳膊短腿、爱吃香蕉的、可爱的小黄人们工作效率很高。我印象深刻的是鲍勃当上国王的片段：小黄人在被追杀的时候，不知哪来的力气，他竟拔出了石中宝剑，然后戏剧性地当上了国王。

2. 提出要求：向别人推荐一部动画片，首先要介绍这部动画片讲了什么故事，然后介绍动画片中具体的人物和让你印象深刻的片段，注意一定选择吸引人的部分说。在讲述的时候，要语速适中，让别人能够听清楚。先小组PK，然后派出代表全班交流。

三 // 代表推荐，交流分享

1. 小组代表向全班推荐动画片：

推荐要素："动画片名字＋主要人物＋精彩片段"；要求：语速中等，声音洪亮，让每个人都能够听清楚。

2. 聆听任务。

（1）推荐者所说的动画片是什么？

（2）你对这部动画片的什么内容感兴趣？

（3）你会选择看这部动画片吗？

3. 反馈聆听效果。

老师根据聆听任务简单采访学生，反馈学生聆听的效果。

譬如，有的同学说："听了推荐，我超级喜欢动画片《包宝宝》。它讲了住在唐人街的一位妈妈意外地发现蒸笼里的包子变成了一个'孩子'的故事。我真想马上看一看这部精彩的动画片！"

有的同学说："我最喜欢的动画片是《疯狂动物城》。妈妈带我去电影院看了一次，我在网上又看了一遍。这个动画片给我的印象是生动有趣，画面非常逼真。我最喜欢的角色是小兔子朱迪，她认真又勇敢。我最喜欢的片段是朱迪和尼克去找树懒，那个树懒动作可真慢，做什么事都要好久才能完成，而它的名字叫'闪电'，这个片段我笑了好久。我很喜欢这部动画片，大家有空也可以看一下哟！"

有的同学说："我喜欢刚才交流的动画片《神笔马良》，这部动画片讲的是马良有一支神笔，可以画出任何想要的东西。譬如，有人想要一棵摇钱树，他就画出一棵摇钱树；有人想要一头水牛耕地，他就画出一头水牛；马良怕老鼠，他就画出一只会功夫的小猫咪来保护自己……他画出的每样东西都会变成真的，很神奇。我想成为神笔马良。"

还有的同学说："我喜欢《猫和老鼠》，这是一部系列动画片，里面讲的是猫汤姆和老鼠杰瑞之间斗智斗勇的故事。我最喜欢动画片里的杰瑞，它是一只聪明又勇敢的小老鼠，总能打败想抓住它的猫。我最喜欢的部分是：有一次，汤姆抓住一只小鸟想吃掉它，杰瑞救下了小鸟，于是，汤姆就用各种方法想抓住杰瑞，可都被杰瑞用自己的聪明才智化解了。整个过程十分有趣，让人笑得肚子都疼了。我很喜欢这部动画片！"

四 // 扣住听说，总结方法

1. 推荐你喜欢的动画片有哪些方法。
2. 如何聆听别人推荐喜欢的动画片。

/ 教学反思 /

看口语交际课《推荐一部动画片》有没有达到良好的教学效果，一是看述说主体有没有说清楚推荐的动画片名称是什么、主要内容是什么以及精彩的片段是什么；二是看交际对象有没有听清楚述说主体讲述的内容，从上文案例中学生反馈来看，他们对推荐的《包宝宝》《疯狂动物城》《神笔马良》《猫和老鼠》等动画片记忆犹新，倍感兴趣。可见，这节口语交际课是达到了良好的教学效果的。

这节课的创意有三：一是导入的创意；二是示范的创意；三是反馈的创意。以《疯狂动物城》的视频导入，生动有趣，学生一下子就记住了动画片的名字、有个性的角色和精彩的片段。为了让学生说得有序、说得有"瓤"（内容）、说得有"彩"，老师即时示范，让学生说有方向。口语交际的核心是通过口语交际达到的实际效果。就这节课而言，就是推荐的动画片引起了听众的兴趣，学生的反馈很好地证明了这一点。

当然，推荐的技巧有很多，需要在实践过程中不断体悟提高的。

劝说的本意在于说理。说理的目的不是要争辩出一个我是你非的结果，也不是一方一定要说服另一方放弃原来的主张或看法。说理是为了建立双方的信任、展示讨论的诚意、争取通过讨论对问题取得更全面的共同认识，达成某种妥协，在最大程度上争取双方可以认可或双赢的结果。

好言相劝

——部编教材三下口语交际《劝说》教学创意

一 // 谈话导入

师：生活中，难免产生摩擦。譬如，爸妈吵架，你怎样好言相劝？
学生自由言说。

二 // 微视频示范

师：怎样做到好言相劝？
教师播放一段微视频《好言相劝》。学生观看视频。
视频内容：

妈妈，你准备好当他的朋友了吗？那试着不要用高高在上的姿态做朋友。我希望大家的姿态都能低一点，好吗？尽你最大的努力！我不希望你跟爸爸像你刚刚那样凶凶了。我希望你跟爸爸能好好相处，然后大家做好朋友。我并没有恶意，我只希望大家能和平相处。如果连我都能乖乖的，我想大家很多人都能乖乖的。我真的没有恶意。但是，我只是想尽我心中的最大努力，就这么简单。我希望妈妈、爸爸，以及所有人都能和平相处。

　　我希望大家脸上都挂着微笑，不会有人生气。我希望所有人都能保持微笑，尤其是当我看到一个人的时候，我希望能在他的脸上看到微笑。尤其是妈妈，还有所有人。我希望大家微笑度过每一天。如果这个愿望是套用在我爸我妈你们身上的话，我想你们一定能做得到。我想你们可以把高高在上的坏脾气调整成矮矮的好脾气。你们两个都要努力喔，好吗？我没有恶意，我也不是要耍傲娇。我只是希望大家能在地平线上和平相处。我不是指要降到超级低，而是平平的。

　　在我心所属的这个地方，我的心是个很特别的东西。其他人的心也都是很特别的。如果我们大家都活在一个坏坏的世界，那么大家最后都会变成怪兽。要是这个世界只剩下一点点好人，然后我们还要把他们吃掉了，这世界就没有好人了，最后这世界只剩下怪兽了。我们大家都要努力当个好人，所有人都是，包含我自己，还有我妈妈，以及所有人。我只希望大家能和平相处，都能努力当个乖宝宝。这是我的愿望。

三 // 分析说理

　　我们观看微视频《好言相劝》，重要的是学习她劝说时候的说理。
　　坦娜的说理，不仅提出了主张，还阐述了理由，同时指出了做法。
　　具体来说，她的主张是："我希望妈妈、爸爸，以及所有人都能和平相处。"
　　她的理由是："如果我们大家都活在一个坏坏的世界，那么大家最后都会变成怪兽。要是这个世界只剩下一点点好人，然后我们还要把他们吃掉了，这世界就没有好人了，最后这世界只剩下怪兽了。"
　　她提出的做法是：
　　1.试着不要用高高在上的姿态做朋友。大家都能（低）一点，把高高在上的（坏）脾气调整成矮矮的（好）脾气。

2. 所有人都能（保持微笑），（微笑）过每一天。
3. 大家在地平线上（和平相处），当个乖宝宝。

四 // 学习说理

请看一组照片：
照片一：不学习，如何养活你的众多女人？
照片二：扛得住，给我抗；扛不住，给我死扛。
照片三：只要学不死，就往死里学。
照片四：提高一分，干掉千人。
……

你赞成这样的标语口号吗？请向学校"书面说理"。说理的步骤：第一，阐述自己的主张；第二，提供充分的理由；第三，提出良好的建议。

教学反思

劝说，关键在于说理，说理要从娃娃抓起。

父母和学校都有这方面的教育责任。说理是一种家教，也是一种幼教。

每个人的说理都不代表真理，即便你有理，也不等于不同的意见就是无理。承认理性局限性的说理叫"罗杰斯式说理"，心理学家罗杰斯认为，说理的目的不是要争辩出一个我是你非的结果，也不是一方一定要说服另一方放弃原来的主张或看法。说理是为了建立双方的信任、展示讨论的诚意、争取通过讨论对问题取得更全面的共同认识，达成某种妥协，在最大程度上争取双方可以认可或双赢的结果。说理是一个好社会必不可少的，并不仅仅是为了表现个人的优良教养。既然是劝说，被说服或听取别人意见的先决条件是豁达、开放、平和、不自我封闭，愿意了解并接受不同的看法。一旦头脑禁锢起来，就会变得偏执、僵化，对不同观点充满敌意和仇恨，这种情况下，越对他说理，就越使他生气、冒火，再怎么对他说理也都是枉然的了。

　　语文教育，不只是培养读写技能，更是通过学习使用文字语言，养成公共说理的理性思考习惯。公共说理不是吵架。吵架越成功，说理越失败。公共说理是要通过交流、说服来达成共识。公共说理是公共文明的成就。提高公共说理的自觉性是学校教育的一个重要项目。

审辨，就是审思与明辨。审思是内铄、意化；明辨是外化、表达。其之于口语交际的积极作用得以充分发挥：激活表达冲动，唤起表达思维，生成表达素材，聚焦表达主题，驱动、维持、推进、深化口语交际进程，尊重了小学生的认知习性，启迪了小学生的抽象逻辑思维及其言语表达能力，有效解决了说什么、怎么说的问题。

爱的审辨

——部编教材五上口语交际《父母之爱》创课

一 // 如此母爱，孩子为何不接受？

师：母女常常会因小矛盾闹僵。请看微视频。
（学生观看。视频内容如下所示。）

妈妈：（质问的语气）想不想吃饭？
小女孩：（生硬回答）我不是给你说了吗，我要。
妈妈：（审判）你要吃饭对不对？那你知道你错在哪里吗？
小女孩：（不买账）你已经知道了干吗还问我？
妈妈：我知道啊，但是你不知道啊，我惩罚你，不让你吃饭就是想让你知道你错在哪里啊!

小女孩：（哭）那你也不能这样啊!

妈妈：（反问）我怎么样啊？

小女孩：那你也不能这样欺负小孩子啊!

妈妈：我是为了教育你走正路，把性格改好过来!

小女孩：我的性格就是这样没法改!

妈妈：你的性格就是这样没法改，那你就不要做我的孩子。我的孩子是乖巧听话的，只做妈妈的好孩子，脾气倔强的孩子我是不要的。你说我这样教育你是不对的，那别人是怎么样教育孩子的？你说说看，为什么别人的孩子那么乖，我家的孩子怎么那么坏？

小女孩：这就是性格！性格你不懂吗？好坏又不是我自己决定，是老天决定的!

妈妈：性格是老天决定的？你是妈妈生出来的孩子，你是妈妈教育的，你是老师教育出来的孩子，跟老天有什么关系呢？你自己说。

小女孩：就有关系!

妈妈：你说我教育你不对，那别人是怎么教育的？

小女孩：别人就是你跟她说她就会知道了，而你是直接骂我，这是不对的!

妈妈：我现在是不是在好好跟你说，我有没有骂你？

小女孩：你刚才就骂人，而且打了我很久!

妈妈：那你为什么要把遥控器扔掉啊？

小女孩：因为你惹我生气了!

妈妈：我跟你说要吃饭了，把电视关掉，吃饭时不能看电视，你为什么要扔掉东西？

小女孩：那我为什么不能看啊？

妈妈：我说不能就不能，食不言寝不语，你知道吗？吃饭的时候就不要说话，不要看电视，你不懂吗？学三字经，里面教的什么？学三字经没用是吧？老师教的没用是吧？明天开始不要读书，今天晚上开始不要吃饭。

小女孩：你敢？!

妈妈：我就是敢!

小女孩：你敢我就报警!

妈妈：你去报呗！

师：小女孩果真报警了。你就是接警的"警官"。常言道："清官难断家务事。"但是你是个具有独立思考和判断能力的"警官"。请你站在中立的立场公平裁决：微视频中母女俩谁讲的话有道理？

（学生纷纷举手。）

师：谁愿意扮演微视频中的小女孩？

（学生上台。）

师：请上台的学生邀请台下一位听课老师扮演自己的妈妈。

（学生邀请一位年轻老师上台。）

师：请愿意做"警官"的同学前来断案。

（一对"母女"、警官和老师同时站在台上。）

师：警官贵姓？

生（警官）：文。

师：文警官，请你公平断案。

文警官：我认为，你们母女说的都有道理，都说出了对方的缺点。但是不知道改正自己的缺点。你们互相指责对方的缺点，这一点做到了，但是，还要改正自己的缺点，这才是最重要的。

师：女儿对文警官的断案服气吗？

女儿：嗯，还行。

师：妈妈呢？

妈妈：你觉得我的缺点在哪里？我是爱她才教育她的。

文警官：爱，你应该心平气和地跟爱女说话，不要这么凶。

妈妈：我不觉得自己凶。我是严厉，严是爱。

文警官：你把爱用温柔的语气说出来，这样孩子才能更好地接受你的爱意。

妈妈：太温柔她不听怎么办？

文警官：她不听你可以不厌其烦地讲，爱就是耐心！

妈妈：你不觉得她的性格很倔强吗？

文警官：那你就要改变她的性格啊！

师：再请一位警官先生，和这位妈妈聊聊。

（第二位扮演警官的学生走上台来。）

师：警官贵姓？

生：陈。

师：有请陈警官。

陈警官：你们母女两个都不对。妈妈不应该不给孩子饭吃，应该心平气和地和她讲道理；小女孩也不对，应该孝敬父母，听妈妈的话，不能和妈妈吵架。

师：陈警官很威严，几句话就让女儿折服了，妈妈怎么认为？

妈妈：我没有不给她吃饭，我只是让吃饭时不要看电视。

女儿：但是你说了让我不准吃饭了。

妈妈：那是因为你不听话啊！吃饭时不准看电视！

女儿：那你可以好好跟我讲啊！为什么要用不给饭吃来吓唬我呢？

陈警官：你们不要争吵了！我有个建议：你们可以在一张纸上写下什么时候做什么事情，如什么时间看电视，什么时间吃饭，双方都同意的话，就在这上面签字。

女儿：协商解决，我同意！

妈妈：我们一起商议。

……

二 // 如此母爱，如何化解了小矛盾？

（请学生继续观看微视频。视频内容如下所示。）

妈妈：妈妈告诉你一件事，好吗？

女儿：好啊！

妈妈：妈咪今天真的好饿，然后，我不想让你伤心，但是，我吃光了你的糖果。

女儿：（面部表情在不停变化：由平静到伤心，到双目盈泪，到破涕为笑）妈咪，那真的让我有点伤心。

妈妈：你会怪妈妈吗？

女儿：（撅着小嘴，摇了摇头）不会啦！只是有点伤心而已。（说着用胖乎乎

的小手抹了抹眼角的泪水）

妈妈：嗯，那真的让你伤心。

女儿：因为……因为你吃光了我的糖果。

妈妈：我那时真的好饿。

女儿：你应该……应该吃……（天真地）那会让你头疼耶。

妈妈：因为吃光所有糖果吗？

女儿：对啊！

妈妈：但我没有不舒服耶！

女儿：你应该喝点水。

妈妈：我应该配水喝对吗？

女儿：是啊！那到下次圣诞节我就不会再伤心了。我不想让我的糖果，在没有跟我讨论的情况下就被你吃掉。

妈妈：但是今年我吃光了这些糖果。你会不会怪我？

女儿：（摇了摇头）不会！我只是有点伤心。但是等到明年圣诞节，我们可以一起分享我的糖果喔。

妈妈：好！我知道错了！你真的贴心！你真的不会生我的气吗？

女儿：喔，我今天得到了这个喔！（说着举起一个书夹）

妈妈：你不会因为糖果生气吧？

女儿：（高兴地）不会啦！我还有这个！（说着从书包里又拿出一个画夹）

妈妈：你不介意你的糖果，是吗？

女儿：我不在意啦！

妈妈：喔，你人真好！你不会生我气吧？

女儿：不会！

妈妈：你只是为了分散注意力，所以才不会生我的气。

女儿：我是有点生气啦，但也不那么气啦！

妈妈：有什么可以补偿你吗？

女儿：那你多花点时间陪我好啦！

妈妈：那这就是我可以补偿的吗？

女儿：是啊！

妈妈：那当然可以啦！爱你喔！

女儿：我爱你！（吻了一下妈妈）
……

师：你认为微视频中妈妈对待孩子最大的爱是什么？说出你的理由。

生1：妈妈给孩子认错，这是最大的爱！女儿原谅妈妈，这就是对妈妈爱的最好回报！

师：平衡点找得很准！

生2：我认为微视频中妈妈对待孩子最大的爱是诚信。首先，妈妈承认自己因为饿吃光了女儿的糖果；其次，妈妈承认自己错了；再次，妈妈愿意用陪伴女儿的方式做出补偿。这个妈妈付出爱的过程很清楚！

师："首先""其次""再次"使得你"最大的爱是'诚信'"的说理条理清晰。人无诚信不立，哪怕是母女之间也要建立诚信关系。诚信可以使人与人之间获得公平！

生3：我认为微视频中妈妈对待孩子的最大的爱是爱的互动。妈妈是爱女儿的，她怕女儿伤心、生气，所以，才开导她。正因为妈妈开导有方，所以，女儿才不生妈妈的气，不仅不生她的气，最后还说"我爱你！"所以，妈妈爱女儿，女儿爱妈妈，爱是双向流动的。

师：女儿得知自己的糖果被吃光，有了一个生气与伤心的不良情绪，妈妈用谈话的方法和女儿用心交流，一点一点化解女儿的不良情绪。这是爱的智慧、爱的艺术。你这段话里用了三个"所以"，去掉"所以"，说得通吗？

生3：嗯！

生4：一般情况下，妈妈吃了女儿的糖，会觉得是天经地义的，根本不会意识到糖果是女儿的私有"财产"，没跟女儿讨论，就"私吞"了她的"财产"，这可能是一种错误。任何人都可能犯错误，犯错误，要承认错误，更重要的是进行补偿。这才是公平的！

生5：我觉得微视频中妈妈对孩子最大的爱是交心，她不因为自己是妈妈，是大人，就不允许孩子有自己的小情绪、小脾气、小个性，她给孩子表达的机会与空间，她让孩子释放与发泄。

师：她让孩子有机会成为她自己，这就是母亲，公平交心的母亲！（掌声）

生6：我觉得妈妈最大的爱是口头承认错误，用多陪陪孩子的实际行动来做弥补。

师：妈妈陪伴女儿，花时间在女儿身上，这就是最大的爱。最好的爱就是陪伴！

……

/ 教学反思 /

美是直观的。父母之爱的美德，可见可闻、可审可辨、可躬身笃行。

笔者在口语交际《爱的审辨》创课中，发扬了审思、明辨、笃行等修养治学的传统经验，观照了当代小学生社会生活的实际需要和表现形式，是深化小学口语交际课程教学改革的一次创新尝试。

上文案例创课主题是：母爱。笔者精心遴选、随堂展示的2个视频是直观的，爱却是内蕴的。学生通过观看视频、现场分角色扮演，感知、体察、意化并审辨了爱的观念。当然，审思是内铄、意化；明辨是外化、表达。其之于口语交际的积极作用得以充分发挥：激活表达冲动，唤起表达思维，生成表达素材，聚焦表达主题，驱动、维持、推进、深化口语交际进程，尊重了小学生的认知习性，启迪了五年级小学生的抽象逻辑思维及其言语表达能力，有效解决了说什么、怎么说的问题。

每个大人都曾经有过童年,可是大人却回不去了。那么,怎样走进他们的童年岁月?请看创课《走进他们的童年岁月》。

儿童是自己的国王

——部编教材五下口语交际《走进他们的童年岁月》创课

一 // 三喊师名,缔结童心

师:湖南岳阳的老师们,上午好!孩子们好!你们是哪一所学校的,几年几班的学生?

生:我是东方红小学六年级三班的学生。

师:你贵姓?

生:我姓易,名炜轩。

师:姓名一起报了。奖励你一根"金条"(一支黄色粉笔)。请把姓名写在黑板上。同学们看他写名字,就能看出来他对自己的尊重。他姓易,一笔一画,易炜轩,写得多认真!(名字写完后)想认识你身边站着的这位老师吗?

生:想。

师:你怎么能知道我叫什么呢?

生:请问您贵姓?

师:免贵姓孙,子小孙,孙悟空的孙。想不想知道我叫什么?

生：想。

师：你发问。

生：请问您叫什么？

师：（递给学生一只绿色的粉笔）请把"孙建锋"三个字写在你名字的后面。

生：孙建锋。

师：孩子们，把这三个字大声读一遍！

生：（齐）孙建锋。

师：好像没吃早餐，再来一次！

生：（齐）孙建锋！

师：响彻礼堂！上学六年了，大庭广众之下，第一次直呼一个老师的名字，是吗？

生：是。

师：心里肯定有想法。

生：我觉得第一次直呼老师的姓名就像自己的朋友，然后感到很亲切。

师：她说第一次喊我的名字就像朋友，是吗？

生：是。

师：我千里迢迢，不虚此行，认识了一个"女朋友"，来，握握手。孩子们，她很棒，情商很高，愿意把老师当成她的朋友，给予掌声。第二次不喊孙建锋，只喊后面的两个字。

生：（齐）建锋。

师：这和刚刚喊三个字一比较，心里面感受又不一样了。

生：我感觉更加亲切了一些。

师：你比建锋的个头高，情商也不低。岳阳的好山好水，养育了有情有义的男生。第三次再喊的时候，只喊最后一个字，一般的情况下，我是不允许别人单喊我名字最后一个字的，今天，我把你看成我的朋友，可以喊我最后一个字。

生：（齐）锋。

师：这跟前面两次喊"孙建锋""建锋"心里的感受肯定又起了变化。

生：我觉得你就像家人一样，更亲、随和、不见外。

师：像家人，嗯，我的家人，请站起来，既是家庭的家这个家人，又是俏佳人的佳人。像家人，似佳人，其实，我们之间像家人，你本人是一个佳人。请坐，过瘾吗？

生：过瘾。

二 // 创意揭题，提升自信

师：孩子们，短暂相处，我们认识了，像朋友——友好；似家人——亲切。请看，朋友带给你的礼物。（投影图片）

生：皇冠。

师：想不想戴在自己的头上？

生：我不想戴在头上。

师：为什么？

生：因为之前我在一本书上面看过，权力虽然十分地好，但是，它头上悬挂一把剑，说不定你马上就会被那把剑杀掉。

师：有个性的孩子，先给他掌声，不为王权所动。权力是一把双刃剑，做好了王，万民拥戴；反之，害人害己，这是你的见解，真有性格，再次给他掌声。（鼓掌）在那么多人的掌声当中，你是何等的荣光，比戴上皇冠还要荣光。我们一起来看一看这个题目。（屏幕出示）

生：儿童是自己的国王！

师：你是怎么理解这个题目的呢？

生：我觉得儿童是自己的国王。

师：你能不能把"儿童"换成"我"？

生：我是自己的国王。

师：你叫什么名字？

生：罗青。

师：你能不能把"我"换成"罗青"？

生：罗青是自己的国王。

师：把"罗青"换成你们每个人的名字。

生：（用各自的名字）是自己的国王。

师：真棒，找回一种自己是自己的国王的感觉。

（学生自信心、自尊感油然而生。）

师：人在步入衰老以后，你会产生这样的变化，往往会弯腰——

生：驼背。

师：腿脚——

生：僵硬。

师：面容——

生：干枯。

师：老眼——

生：昏花。

师：这就是老年人的典型特征，自然发出残忍的警告。随着时光的流逝，我们可以就此逝去了。这张生命的大网，笼罩着我们在座的每一个人，无可挣脱！即使是他们的灵魂，也常常并不比身体保存得更好……

师：渐渐失去了往日的——

生：光鲜。

师：在世间万象当中变得——

生：锈迹斑驳。

师：每当想象我们要展翅高飞的时候，它就会——

生：折戟铩羽，自己谋杀了自己。

师：渐渐地，他再也不敢了。他们建立了堵堵理智的墙壁，将其打造得日益坚固且难以逾越。成年人是不自由的，他们是自己的囚犯；孙建锋是不自由的，他是自己的囚犯。可你们是例外，孩子们，如果有可能，我们赶快越狱，我在这节课上要首先越狱，逃出我自己的牢狱，束缚我的牢狱，束缚我思想的牢狱，束缚我年龄的牢狱，我要回归，回归到哪里去？

生：（齐）回到儿童王国。

三 // 故事入手，争做"国王"

（一）故事《喜欢什么，我们就动手做什么》

师：在儿童王国里"喜欢什么，我们就动手做什么"。请看微视频《我就喜欢当斑马》。

（微视频：家里，一位两岁的幼儿园小女孩，在赤身裸体的小弟弟身上画满了斑马条纹。妈妈问："这是啥？"她说："斑马。""这个真心有点蠢了。""但我喜欢斑马啊！""我知道，但是你不能让你弟弟当斑马啊！""但我就喜欢当斑马啊！"）

师：微视频让你目不转睛，它仿佛有一种魔力，抓住了你的眼睛。孩子们，看了刚刚的微视频《我就喜欢当斑马》，下列的四个叙述，哪个是观点？哪个是事实？ A——

生：小女孩真是有点蠢。

师：B——

生：小女孩毁坏弟弟的形象。

师：C——

生：小女孩侮辱弟弟的人格。

师：D——

生：小女孩把弟弟画成了斑马。

师：A、B、C、D四个答案，你认为哪一个说的是观点，哪一个说的是事实，先来做出判断。

生：我觉得A、B、C是观点，D是事实。

师：小女孩把弟弟画成了斑马是事实，其余的是观点，给予她掌声，（掌声）如果说出来道理，就更妙了。

生：因为在视频里，他的姐姐把他画成了斑马是事实。

师：她看到视频里面真实的情况，她认为那是事实，而前面这三个，是述说的观点。再一次给予掌声。（鼓掌）赢得别人的掌声是因为你会思考，因为你不仅能说出来哪个是事实，还能说出这样判断的理由。作为一个会思考的人，要能把观点和事实分辨出来；更重要的是，能够说出道理来，相信你能说出自己的思路，读——

生：妈妈看到小女孩把弟弟画成斑马，说："这个真心有点蠢了，"小女孩说："但我喜欢斑马啊！"

师：如果单从珍视与呵护刚刚萌芽的兴趣的角度出发，妈妈对小女孩的首创要怎么样呢？ A——

生：不怕做错。

师：B——

生：不怕做错怕错过。

师：C——

生：怕做错怕错过。

师：D——

生：怕做错不怕错过。

师：A、B、C、D四个答案，你认为哪一个对小女孩的首创重要？

生：我觉得应该是B，不怕做错怕错过。我觉得对萌芽的兴趣，应该不要怕自己做错，就是怕错过。

师："萌芽"这个词用得好。请看下面的四幅斑马画。（都是小朋友画的）看了这四幅画，又看了小女孩在她弟弟身上画的斑马，相信你能提出自己的问题。

生：为什么小女孩不在纸上画斑马，而是要在弟弟身上画斑马？

生：孩子在学校画的斑马和小女孩在弟弟身上画的有什么区别？

生：他们为什么要在纸上画，不在他们弟弟、妹妹身上画？

生：既然小女孩在弟弟身上画的斑马比其他人画得都不好，那么，她为什么要画？

生：为什么小女孩画的斑马跟其他孩子画的斑马相比，不是那么规矩？

生：什么样的妈妈才能欣赏将斑马画在弟弟身上？

……

师：别人提过的问题，我就不再提；我提出的问题别人难以回答，就是问题的深度和难度在加深，如果所有的人都答不上来，你将是问题国的国王。

生：小女孩在她弟弟身上画斑马，她最初是怎么想的？我们为什么想不到？

师：这个问题和别人提的就不一样了。凡事背后都有原因，要看到现象的背后的动机，心理学家的苗子。

生：为什么纸上的斑马让人司空见惯，而人体斑马让人耳目一新？

生：为什么一般人关注的是画得像不像，而不是像小女孩那样关注"真"？

师：问题提得真好！画家毕加索说："我在十四岁的时候已经画得像大师拉斐尔一样好，但是却花了一生的时间去学习如何画得像小孩一样真。"我们怎么来理解毕加索说的这一段话呢？

生：毕加索想回到孩子的时代，想贴近孩子们的生活，再用孩子的童真来画画。

师：画得像孩子一样——

生：画得像孩子们一样真。

生：我认为毕加索说得好，尽管画得规规矩矩，非常好看，但是真的画，应该就是指随心所欲、不被任何东西束缚的画。就像那个小女孩画的人体斑马，真性情。

师：随心所欲、不被任何事物所束缚。看了微视频《我就喜欢当斑马》，对于这个"真"字，你可以这样解读：毕加索说他用了一生的时间来画画，画得才能像孩子一样真。你理解的这个"真"，到底是什么意思？

生：童真，真实，真心，随心所欲。

生：我认为这个"真"是自己对一些事物的最初步认识，而不是锦上添花之类的。

生："真"就是小孩子纯洁的心灵，小孩子的天真。

师：画，表面上看是手画出来的，实际上是心画出来的，是吗？

生：是的。

师：你对这个"真"还有解释吗？

生：我认为这个"真"就是孩子的真实想法，没有添加任何别的东西。

师："添加"这个词说得好，它里面没有添加剂，不伤害任何人，是孩子最纯真的、最朴素的愿望，是这样一个"真"。

生：我觉得"真"就是对于自己想到的第一个想法而转化出来，没有经过别人的指点或别人的意见。

师：第一愿望、第一时间、第一信息。

生：我认为它是不受外界的任何干扰，自己随心所欲画出来的。

师：不受外界的干扰，我为什么把你的话复述一遍？我是在聆听，我是在学习，我是在加强记忆，我是在回归我的童年。

生：这个"真"可以从画里面看出来，画里面可以看出一个小孩拥有的童真和自己的真实想法。

生：我认为这个"真"就是小朋友们童年的快乐，把这童年的快乐画出来，就觉得很快乐。

师：这个"真"是什么，如果我一个人坐在办公室里，坐在我的备课桌前，

176　小学语文创意教学

即使搜肠刮肚，我也说不出来刚才那么见仁见智的"真"的。那么真实的"真"，相信我们能学会自己与《我就喜欢当斑马》对话。

师：视频中小女孩把弟弟画成斑马——

齐：是童心的"真"。

师：我喜欢，我就画——

齐：是童真的"真"。

师：真——

齐：是儿童的天性，天性如此。

师：真——

齐：是儿童的真趣，确实喜欢。

师：真——

齐：是儿童的真纯，绝佳无染。

师：在儿童的王国里，国王姓——

生：真。

师："真"的灵魂——

生：了无羁绊。

师：你们想象一下，十年、二十年以后，那个在弟弟身上画斑马的那个孩子，她会成为——

生：女孩子会变得非常的单纯，不会说谎，只会说自己的真心话，说话不和别人绕弯子。

师：这样的人能在社会上生存吗？

生：能。

生：我觉得这个在弟弟身上画斑马的孩子长大了，肯定也会像毕加索一样，非常地喜欢孩子们的那种童真的生活。

师：你的美好期许就是美好的王国。

生：我觉得那个在弟弟身上画斑马的小女孩，她长大后一定会成为一个随时把自己的真心话告诉别人的人，而不会留在自己的心里。

师：你愿意娶她为妻吗？

生：不知道。（哈哈哈，哄堂大笑）

生：我觉得二十年后小女孩会成为一位著名的画家，因为她的画非常地独特，非常地有创造性。

生：我认为二十年以后小女孩可能会成为一个非常活泼的人，之后她可能会成为一名运动员，像斑马一样奔腾。

师：一切皆有可能。

生：小女孩长大以后肯定是一位情商非常高的人。她应该是一个办事能力非常强的人。

师：有没有和别人想法不一样的呢？小女孩十年、二十年以后会不会变得遍体鳞伤、无家可归呢？

生：不会。我觉得小女孩二十年以后会变成一个有坚定决心的人。因为她拥有自己独立的思考，并且会动手去做，并且我觉得她以后会变成一个慈祥的母亲，因为她小时就是这样的纯真，当她的孩子做出一些像她一样单纯的事情，她就会有所理解并且做出正确的判断。

师：喜欢这样的妈妈吗？

生：喜欢。（掌声）

师：掌声是对你最好的评价了。你今生都不会忘记在这样的一个礼堂，你说了这样的一番话，赢得了这样一阵掌声。

（二）故事《想问"为什么"，就问"为什么"》

师：让我们走进微视频《想问"为什么"，就问"为什么"》。

（视频内容如下所示。）

女：爸爸，咱们去外面玩吗？

父：不行。

女：为什么？

父：因为现在是早上五点钟，太早了。

女：为什么？

父：太阳还没升起来呢。

女：为什么？

父：因为太阳起晚了。

女：为什么？

父：是这样的，地球要转动，当转动到一定的时候，太阳就会在地平线出现。

女：为什么？

父：我不知道。

女：为什么？你为什么不知道啊？爸爸。

父：因为我上学不认真，好了吧？我没听讲。

女：为什么？

父：我觉得这个不重要。

女：为什么？

父：我只是按照自己的方式生活，但是后来，我遇到了你妈，然后你就跟着来了，所以现在我在一家内燃机消声器店工作。

女：为什么？

父：对我来说，现在找工作太迟了，加上你妈妈的工作有很多福利，我留在家里照顾你，因为我所做的一切不过都是笑话。

女：为什么？

父：因为服务型经济代替了制造业，在美国，不再有真正的工作可言。

女：为什么？

父：有段时间，我们有好工作，但那只是因为我们幸运，现在我们不幸运了。

女：为什么？

父：事情就是发展的。

女：为什么？

父：因为上帝死了，就剩我们自己了。（哄堂大笑）

女：好吧。

……

师：微视频《想问"为什么"，就问"为什么"》，女儿一口气问了14个为什么。刚才是家庭版的"为什么"，下面是教室版的"为什么"：

老师：树上有十只鸟，猎人开枪，打死了一只，树上还剩几只鸟呢？

生：是无声手枪还是其他没有声音的枪？

师：不是无声手枪也不是其他没有声音的手枪。

生：那枪声有多响？

师：大概有 80 分贝到 100 分贝。

生：那就是说会震得耳朵疼。

生：在那里打鸟不犯法吗？

师：不犯法。

生：你确定那只鸟真的被打死了？

师：我确定。我拜托，你只需要告诉我还剩下几只鸟就行了。

生：好的，鸟里有没有聋子？

师：没有。

生：有没有智力有问题的鸟，就像听到枪声都不知道飞走的那种鸟？

师：没有，他们的智商都在 200 以上。

生：有没有关在笼子里的鸟？

师：没有。

生：有没有残疾或饿得飞不动的鸟？

师：没有，身体倍儿棒呢。

生：算不算怀孕肚子里的小鸟？

师：它们都是公的。

生：不可能怀孕吗？

师：绝对不可能。

生：打鸟的人有没有眼花？你确定是十只鸟吗？

师：没有，真的是十只鸟。

生：有没有傻到不怕死的？

师：它们都怕死。

生：会不会一石二鸟呢？

师：不会。

生：会不会一石三鸟呢？

师：不会。

生：一石四鸟呢？

师：更不会。

生：一石五鸟呢？

师：再说一遍：一枪只能打死一只鸟。

生：十只鸟都是自由飞行的吗？它们听到枪声惊慌失措地起飞的时候会不会撞到一起？

师：不会。它们都是自由活动的。

生：如果你没有骗人的话，打死的鸟如果没有掉下去，挂在了树上，树上还有一只；如果掉下去，树上就一只不剩了。

师：你们都不用读小学了，去当教育厅长吧！（哄堂大笑）

……

师：尊重孩子的问题就是尊重孩子的情感，这表达的是一种接纳的态度，不管你问什么样的问题，表达什么样的愿望，也不管我是否顺从你的愿望，我都会认真倾听并积极思考。我的态度表明：你的问题很重要，你的情感很重要。有人说"为什么"是天赋儿童的特权，"为什么"是人间最美的天问。请实话实说：你家的餐桌上或者课堂上，你还享有"特权"吗？你还发出"天问"吗？

生：无论家里，还是教室里，我都没有"天问"了。

生：我很久没有问问题了。

生：我也很久没有问过这种问题了。

师：很诚实啊，很久都没有问问题了。

生：我还问过问题，我问的是吃饭的时候，为什么有的人会发出吧唧吧唧的声音。

生：爸爸经常在吃饭的时候接电话，他一接完电话，我问："什么事呀？"他就会跟我说："别烦我，别烦我，走开！"

生：我爸做饭特别不好吃，然后每次吃菜的时候我都会问我爸到底放了什么调料，做得那么难吃！

生：我吃饭的时候总是喜欢聊天，然后，我妈妈就不让我说话，我说："为什么？"

生：我在家里吃饭的时候，打嗝，妈妈说："为什么？"

师：课堂上你还有"特权"吗？你还"天问"吗？

生：我觉得我是有"特权"的，每当我向老师提问的时候，老师都会非常详细地为我讲解。

生：我也是还享有这个"特权"的，因为当老师提出一个问题，我会举手回答这个问题并提出我的疑问。

生：我觉得在课堂，我是有特权的，因为当我提出问题的时候，老师都会回答我，在上课的时候，就是获取知识的。

师：湖南的老师真棒。

生：就像今天，孙老师会跟我们说："有什么问题就大胆地提出来，不要害怕，说错了，没关系。"

生：课堂上，我从来都没有问过问题。

师：看看我的眼睛，请你提问。

生：老师，你的眼睛为什么是红的？

师：他知道关心我了，问我眼睛为什么是红的，给他掌声。（鼓掌）

生：我们英语老师总是用一种非常生气的态度对待我们，然后，我们就不敢问。（笑，鼓掌）

师：好有恐惧感。（笑）遇到不敢问问题的时候，我们要想一想为什么，是别人给我们造成了恐惧，还是我们内心的懦弱。

生：我也觉得我没有这个特权，因为现在老师管纪律管得很严，只要问一句话，老师就会让我们把问的那句话写在语文本上。（笑）

生：我想应该是有些人是不想问，有些人是不会问，有些人是怕惹麻烦。

生：我认为王子妍同学说的是错误的，因为在课堂上面，当老师让我们提出问题的时候，我们要积极举手发言。当我们向老师提出问题后，老师不仅会帮我们解决问题，还会表扬我们。有些人之所以没有提出问题，是因为他知道问题而不想举手；有一些是因为对于我们老师还是有点恐惧，所以就不敢举手。

师：他说的是事实还是观点？

生：我觉得应该是观点。

师：所有的观点都不会自动证明自己是正确的。没关系，你要找出来，证明它正确的或是不正确的事实。好了，孩子们，逝去的"为什么"可以复活的。请看下面的图画（投影图片）你们知道这是哪里吗？

生：岳阳楼。

师：大声说。

生：岳阳楼。（大声）

师：不知道就忘本了，知道是正常的。

师：再看这一张，这里是哪里呢？（又投一张岳阳楼的图片）

生：岳阳楼。

师：同是岳阳楼，为什么会不一样呢？

生：拍照的角度不同。

师：角度不一样，看到的同一事物也有可能不一样。

师：再看这是什么？（投影图片）

生：一片椰子树。

师：这个呢？（投影图片）

生：一个弯了一个圈的椰子树。

师：是的，上一幅图中椰子树都长一个样，下一幅图中的椰子树另类，同是一个家族里面，它与众不同了，请你追问：为什么？建议你与现场老师即兴合作，比比能否超越微视频中的那些孩子。

（学生纷纷从讲台的座位里走到台下听课老师的人群中，现场去问自己关心的"为什么"。）

师：孩子们，可以回到座位了。是满载而归，还是空手而归，你心里都有数。表面上看，我们是热闹，是形式，实质上是一次解放，对话的双方都是解放。我们第一次做了这样的事情，互相追问，追问自己的心，我有没有把别人问倒，别人有没有被我问倒，为什么？有段文字是这样写的，来读一读。

生：大人们不看重、不喜欢、甚至讨厌孩子问"为什么"，打击与挫败的不单是孩子的好奇心与质疑力，更重要的是失去了对"越是不看重，越是不喜欢，越是讨厌"的人，越是要去倾听的机会与智慧。

师：这个非常重要。好听的声音你才去听，喜欢的话你才去听，这只是听了一个方面，也就是左耳朵听了，右耳朵还没听呢。右耳朵要听那个你越是不看重的，你越是不喜欢的，你越是讨厌的人的声音，你越是去倾听，你越是赢得了机会，你越是增长了智慧。

师：读了这个话，你突然明白了——

生：我突然明白了，有时候一些小弟弟小妹妹会问一些不合常理的问题，我们要看重他们,而不是去应付他们,草草了事。

生:我认为有些时候我们答不出来的问题,我们不能去把它赶走,然后我们就要来思考,思考完了,然后再去回答问题。

师:好。人都有自己不知道、不了解的问题,所有人都有追问的权利,人也都有自己知道的问题,所以人有应答的权利。所以,人和人之间,就是我问你答,你问我答的关系。

生:当一些弟弟妹妹来问我们问题,我们应该认真倾听,因为倾听他们的问题,回答他们的问题,有助于自己学习进步。因为当他们提出一些问题,你回答出来,说明你自己的知识丰富,你回答不出来,说明对这个问题有些不了解,要积极思考或是查阅资料。这样,才能让自己的知识更进一步。

师:嗯。

生:看了刚才餐桌上的微视频的时候,我就突然想到,我在生活中也经常这样问我的妈妈,但是,我的妈妈非常耐心地告诉我道理,使我感觉很满足,我觉得我的妈妈做得非常好。

师:是啊,好妈妈就是家里的好"风水",你能明白很多道理。孩子们,刚才是爱问什么就问什么,是嘴巴问出去;爱想什么就想什么,现在是脑子想进去,有些事看似不可能,随时可"胡思乱想","胡思乱想"是加上双引号的,别有一番韵味在其间。

(三)故事《爱想什么,就想什么》

师:在儿童的王国里,就是在座的孩子们你们的王国里,"胡思乱想"是——
生:"胡思乱想"是"胡思乱想"的通行证。
师:这句话你理解吗?
生:不理解。
师:你很诚实。
师:这句话你理解吗?
生:我觉得这句话讲的是只要你敢于胡思乱想,你就有资格"胡思乱想"。
生:可以在"胡思乱想"里畅通无阻地"胡思乱想"!
师:所以,"胡思乱想"是"胡思乱想"的通行证。
师:你又有新的理解吗?

生：自己能够"胡思乱想"就可以创造一个"胡思乱想"的世界。

师：好。有人不明白，有人有点明白，有人明白得很，这就是同学之间的差异，差异就是资源。当你不明白的时候，别人明白了，我的资源来了，我要倾听；当你明白的时候，别人也明白，我们理解的角度不一样，你要倾听。

生：我认为"胡思乱想"是一粒种子，而另一个"胡思乱想"是一壶水，用"这壶水"浇到这粒"种子"上，它就会变成参天大树，并且越来越繁茂。

师：掌声在哪里呢？（掌声）

师：一个"胡思乱想"是另一个"胡思乱想"的通行证。原来是还可以这样理解。我去洞庭湖时觉得有水的地方是非常有灵气的，你们的答案印证了我观点。

（微视频内容：七岁的男孩尚恩和六十岁的老先生戴斯在说心里话。）

戴：那我要来问你问题了，第一题——

尚：好。

戴：年纪小，最大的缺点是什么？

尚：这个嘛，你会有很多功课要写，但上学也很好玩，它有点像是介于中间，像这样上学其实是介于坏与好之间。

戴：哦。

尚：年纪大，最大的缺点是什么？

戴：没办法做那些年轻时能做到的事，然后……

尚：你没办法弯腰拾起地上的东西吗？

戴：那个，我还是做得到，但问题是你的身体会变得比较僵硬。

尚：我知道你们弯下去的时候会觉得很疼。

戴：没错。也可能会经常生病，希望我不会这样，尚恩，但这是可能遇到的问题，对，这样还糟糕，是很糟糕的，没错。

尚：我唯一一次去医院，是我妈妈生我的时候。

戴：哦，这样啊，你想快点长大吗？

尚：或许吧，像是如果我长大了，那我……那我就可以自己买想要的东西，然后还可以结婚……

尚：那你希望自己能再次年轻吗？原因又是什么？

戴：嗯，问题在于，年轻有个很大的优点是，你会有更多的时间，能做更多的事。我可以玩游戏，而我也确实有玩，我以前常玩牛仔与印第安人的游戏。

尚：我也会玩！

戴：真的吗？

尚：真的。

戴：这就是我喜欢年轻的原因，我可以发挥我的想象力。

尚：那你现在就没办法发挥你的想象力了吗？真让人头疼。

戴：这个嘛，我可以当个资深牛仔啊，我可以的。

戴：你会谈恋爱吗？你觉得那会是什么样的感觉？

尚：不知道耶。

尚：我觉得我会有小宝宝，那一定很好玩，哦，那我得帮他换尿布，虽然我得帮他换尿布，但还是会很好玩。

戴：但如果他哭了，怎么办？

尚：这个嘛！那我就唱红兵艾德的歌给他听。

戴：那你现在有爱的人吗？谁是你的爱？

尚：我的妈妈。

戴：你的妈妈。那你的爸爸呢？

尚：我喜欢我的爸爸，我喜欢我的家庭。

尚：那你有爱上过一个人吗？那是什么感觉？

戴：有，呃……我跟别人不太一样，我很晚才遇到我爱的人。

尚：那你有结婚吗？

戴：没有。不幸的是，我的伴侣她过世了，很遗憾地……

尚：很令人难过。

戴：没错，她生病了。

尚：我要哭了。

戴：不，不，不，不要哭，不不不别哭，人生本来就是如此，尚恩，有喜有悲，但我们……我拥有很多非常美好的回忆，而人生在世，常常是在脑海的回忆中度过。你可以记住所有美好的回忆，这才是最重要的。

接下来，我们让他们给彼此一些建议。

尚：我想给你的建议是人不一定有钱才有快乐，做自己喜欢的事业，让自己感到快乐，因为当你自己是快乐的，其他人也会跟着快乐。

戴：那你有什么建议想给戴斯说的吗？

尚：就是……正常一点，别做蠢事，不要霸凌其他人。我在学校有一个叫艾利克斯的朋友，每次他受伤的时候，我就会抱抱他，虽然我这样做不见得能帮到忙……

戴：不。这是很棒的建议，还有……做你自己，别让其他人左右你成为怎样的人，就做你自己，一个真实的你。

尚：好。

戴：我相信你会有非常成功的人生。你目前走在一条正确的道路上，还有许多好朋友陪着你。（握手）好，珍惜这些友谊，好好地过每一天。

……

师：请你分辨：儿童是人生的起点——天真；老年是人生的终点——归真。这两个"真"有什么相同与不同？

生："天真"是才开始，而"归真"是已经感觉到遗憾，想回归到开始的时候。

师：说得很棒！就像你们，是天真的开始；老年人做了很多遗憾事以后，才又觉得那都不太真实，要回归真实。这是一个人生的问题，是一个需要一辈子思考的大问题。请大家讨论：如果说尚恩天真的"真"是"1"，戴斯返璞归真的"真"也是"1"，那么，1+1是（ ），A=2；B>2；C<2；D=3。你选第几个？表面看如此的简单。实际上这是一个哲学问题，孩子们天生就是哲学家。因为孩子们真，能做出真的判断。这里没有对和错，只有思考和没有思考。

生：我觉得应该是B。因为我觉得小孩子的天真可爱和老年人的归真加起来就会比什么都要大。

师：1+1>2，孩子的天真加上老年人的归真在一起一讲话，我们一倾听他俩人的对话，听进去的内容就大于两种声音了，是吗？

生：是。

师：这个孩子真是不简单。

生：我认为听了他们两个人对话以后，他们突破了实际，那就是说……

师：你ABCD先选哪一个？然后说原因。

生：D。

师：D=3，是吗？

生：通常 1+1=2，然后我说的是 3 了，就是突破实际，他们俩的对话突破什么？

生：突破了实际。

师：突破了什么实际？

生：嗯……

师：突破了实际，是吗？嗯，注意看啊，这个男孩子独到的见解，一加一按照数学的理论等于二，他认为在这里一加一等于三，因为儿童的真加上老年人的真比实际的真还要大，大于了双方的真，所以他说等于三，你看哲学的问题跟数学的问题本质不一样，思考起来那么的有滋味。

生：我选择是 A。不是因为它是数学的关系，而我觉得他这个"真"从小到大，就像一个气球，慢慢吹大之后，又放回原来的样子，所以我认为是 A。

师：她说 1+1=2，她的解释是，从这个"真"开始是一个出发点，原点，好比是没有吹气以前的气球，人生风风雨雨那么多年，可以吹进了风，吹进了雨，所以，一个大的气球里面有真的东西，后来，到了老年，风和雨都放出去了，气球又回归了，这样，1+1=2，这是她的观念。

师：喝洞庭湖水长大的孩子的解释就是跟别人不一样。

生：我选 C，因为尚恩的"真"是 1，因为他小时候就非常天真，而戴斯是没有达到"1"，因为，他现在是感觉有很多遗憾，就是有小于 2，没有达到 2。

师：请坐。我们又学到了一个新的观点。我也听明白了，比如，孙老师小的时候，天天练一个"1"，这个孩子真是无瑕的天真，活着活着突然就觉得变道了，这个"1"就不再是圆满的"1"了，比"1"小，所以一加一就小于真的 2。

生：我认为戴斯和尚恩永远都不可能是 2，因为在想象力当中，想象力之所以是想象力，因为它是超出常理的。

师：你选哪一个？先表明观点。

生：B。

师：选 B。

生：我觉得想象力之所以是想象力，在于它是突破常理的，敢于想象，所以我认为应该是大于 2，因为对于尚恩来说，他的想象力应该是 100，因为小孩子刚出生，他想想什么就想什么，没有任何束缚，而戴斯，虽然他已经归于0了，但是，他在小孩子的带领下，他依然可以突破2，可以变成100。

师：我懂你，说得已经很清楚很明白了。任何人都可以突破自己，一加一就可以大于二。老年人也可以突破，年龄不是问题，关键是能不能突破自己，突破了自己，"一"就大于了"二"，你给了我信心，你给了任何一个大人信心，你也可以变成"1"甚至大于"1"，变成"真"，比"真"还真。这就是孩子，能给上课的老师以希望，真好，孩子们。

师：请你"登基"。现在，你已经是儿童国的国王了。任选一个话题，自选台下一位老师，说说心里话。

（学生到台下请上来一位老师。）

师：话筒交给你了，请你礼貌地让老师入座。（这位学生自己坐在了凳子上）他先下手为强！注意了，同学们，你们对他的举动有什么样的建议？

生：我觉得他这样子是很不礼貌的，应该……

师：哦，他给你提意见了，你应当知道怎样礼貌待客。

生：（急促起身）老师请坐。

师：你这个手势动作做得重了，稍微有点鲁莽。（笑）重来一遍。

生：老师，请坐。（庄重）

师：同样一个动作，速度慢了一点，就显得庄重，再来一遍。

生：老师，您请坐。（鼓掌）

师：这就是自己教自己！坐下了，干吗呢？（笑）

陈：老师贵姓啊？（笑）

师：免贵姓陈。

生：陈老师，您好。我有一些心里话想对您说。

陈：嗯。

生：在您的教学生涯当中，您对学生是什么态度呢？

陈：我教学时间不是很长，但是呢……

师：（插话陈老师）不要答非所问啊，问你对学生什么态度？

陈：呃……呃……呃（众人笑）嗯，我看到学生的时候会觉得像自己的朋友。有时也会觉得像看到自己的小孩一样，觉得他们虽然有些调皮，但都非常的亲切、可爱。

生：那么对于有些调皮、不听你话的学生，你不管他们还是严厉批评？

陈：我们学校在乡下，乡下的孩子可能跟你们不同，他们确实是非常调皮，经常捣蛋。从自己作为班主任来说，确实在面对他们的时候会非常的头痛，但是，主要是因为自己经验不是很多，自己能力也不是很够，所以，我会联合我们学校的老师或是学生家长一起来更好地监督每一个孩子，让他们遵守纪律，努力学习。就是说，一起去监督他们，让他们表现得更好。

生：那么，你觉得在什么情况下才会令你非常非常的生气呢？

陈：生气的话……

师：生气的话就不提了，这么靓的美女，哪能生气呢。你用简单的一句话结束你们的采访。

生：谢谢老师接受我的采访。（鼓掌）

陈：不谢。

师：刚才是个男生的代表……

（话音未落，一位女生抢得先机，邀请台下的一位老师上台。）

生：老师，请坐。我是来跟老师说心里话的，我小时候是一个很害羞的女孩子，有点怕老师，不敢回答问题。后来，我的班主任帮助了我，给我鼓励，后来，我变得开朗。我很荣幸能在这里跟你说心里话，我希望你也来对我说心里话。（鼓掌，笑声）

王：我姓王，来自湖南平江。我爱教书，所以我对每一个孩子，不管是胆大的还是胆小的，我都会去接触，去交流。

生：王老师你对同学的看法是怎样的？

王：说实话，我比较偏爱聪明的、成绩好的。但是我对于成绩稍微落后的同学，我也希望他喜欢我、听我的话，然后帮他提高成绩。我不会表现出我不喜欢他。还有问题吗？

生：我们下次再聊吧，谢谢！

（学生鼓掌。）

师：刚刚我们看到了两位学生代表现场采访我们的老师，和老师们交流心里话。语言是心灵的窗户，你能感受出来它的温度，老师说的话有多少度啊？

生：100度。

师：烫伤哦。（笑）

师：学生说的话有多少度呀？

生：50度。

师：50度，不温不火。

师：现在，我们畅所欲言，我们可以听到生命开花的声音，现实中，很多人总是有很多的顾忌，怕——

生：儿童问多了。

师：怕——

生：说偏了。

师：怕谁说偏了？

生：怕儿童说偏了。

师：嗯，怕——

生：怕儿童做错了。

师：总是有那么多的"怕"。怕儿童动手，怕儿童动嘴，怕儿童动脑。一句话，他们最怕儿童"动"起来，殊不知，儿童随手画，画了即成"天作"，一如那个在弟弟身上画斑马的女孩；随口问，问成了即成"天问"，就像把爸爸问得哑口无言的饭桌女孩；随性地去说，说了即涵"天理"。

孩子们，在儿童的王国里，每个人都可以做自己的国王。起立！让我们自信地说："我们可以做自己的国王。"

生：（齐）我们可以做自己的国王。

师：孩子们，请站到自己的凳子上，说："我可以做自己的国王！"预备，起！

生：（站到凳子上）我可以做自己的国王！

师：更上一层楼，站到桌子上！

生：（集体站到课桌上）我可以做自己的国王！

师：振起双臂说："我可以做自己的国王！"

生：（站在课桌上，振臂高呼）我可以做自己的国王！

师：慢慢地站到凳子上，再慢慢地从凳子上下来。雪落无声诗意美。亲爱的孩子们，时间过得飞快，我一下子回到了童年，回到了快乐的童年，回到了我们的起点，回到了我们的梦开始的地方。

自己做自己的国王，儿童就是自己的国王！

师：再见！

教学反思

"文化休克"这个词被用来形容一个人从一个国家移民到另一个文化不同的国家后所感受到的冲击。其实,不需要从一个国家移民到另一个国家,从一个时间移民到另一个时间,也有文化休克,不是所有人都是空间上的移民,但所有人都在经历时间上的移民。从成人再回归儿童,也会遭遇"文化休克"。我们怎样走进童年岁月,如何让儿童自己做自己的国王?上文呈现的口语交际创课,从全新的视角做出了充满正能量的回答。

1971年,瑞典文学院在授予林格伦金质奖章的仪式上说:"你创造的这个世界是属于儿童的,他们是我们当中的天外来客,而您似乎有着特殊的能力和令人惊异的方法认识和了解他们。"这种"特殊的能力和令人惊异的方法",就是走进童年岁月,让儿童成为自己的国王。儿童是生命赋予的礼物,不需要经过刻意的"雕琢",这个礼物本身就是最好的。

即兴发言,就是根据即时语境,在第一时间做出反应,当众"述说自己之真"。

述说自己之真
——部编教材六下口语交际《即兴发言》创课

一 // 欣赏微视频

请注意聆听在微视频中那个女生与老师的对话。

1. 播放微视频《传统教师》,内容如下:

师:下一个规矩是:三好学生只有在能问问题的时候,才问问题。
生:我们怎么知道,何时能问问题呢?
……
师:课堂上同学们要守规矩!
生:这都是去年的老规矩。
……
师:同学们对三好学生有什么了解吗?
生:三好学生是只会考试的书呆子!
……

2. 请选择。

在微视频对话的中，女生的"真"是指？

A. 与老师顶嘴　　　B. 直言　　　C. 信口开河　　　D. 接话茬

3. 请判断说理。

在如下关于女生"述说自己之真"的选项中，你认为比较贴合实际状况的是？原因是？

（1）女生有机会述说自己之真。

（2）女生没有机会述说自己之真。

（3）女生既有机会又没有机会述说自己之真。

4. 请梳理思路。

下面四句话是从不同角度描述"述说自己之真"的：

（1）直言，就是毫不隐瞒地告诉你们我所想的。

（2）他人是构成"述说自己之真"不可或缺的在场者。

（3）"述说自己之真"的核心要素是"直言"。

（4）"述说自己之真"，是与他人共同进行的一种活动。

四句话组合成一段话，能够把"述说自己之真"表达清楚的排序是？

A.（1）（2）（3）（4）　　　B.（4）（2）（3）（1）

C.（1）（4）（3）（2）　　　D.（4）（2）（1）（3）

"述说自己之真"，是与他人共同进行的一种活动。他人是构成"述说自己之真"不可或缺的在场者。"述说自己之真"的核心要素是"直言"。"直言"，就是毫不隐瞒地告诉你们我所想的。

二 // 直言，就是毫不隐瞒地告诉你们我所想的

欣赏微视频《权威小于真理》。内容为2015年3月28日在云南曲靖二小《让所有感动再来一遍》的课堂教学对话片段。

视频内容：

生：静，让他心无旁骛地投入融入到每一个字里面去。

师:"投入""融入"选哪一个?

生:两个都选。

师:请再读一读。

生:"静,让他心无旁骛地投入融入到每一个字里面去。"

师:(询问身边一学生)他这样表达,你听了有什么感觉?

生:我觉得用"投入"或"融入"中一个词表达比较好!"静,让他心无旁骛地融入到每一个字里面去。"

师:(第三个女学生)听他们两个人表达,你觉得那个效果更好一些?

生:我觉得用"融入"更好!

师:(第一个答问的学生)你同意他们的看法吗?

生:我觉得还是用"投入""融入"比较好!这样更能体现那个没有双臂的男人,他写字更加用心,把自己全部融进去了。

师:你可以有自己的理解。在一个句子里面,"投入""融入"虽然程度不同,但都是表示动作的词,通常取一个恰当的。这样说,你能接受吗?

生:能。

师:自己有想法并坚持自己的想法是难能可贵的,别人的说法也可以参考,琢磨一下哪个更有道理。不要因为我是你的老师,你就服从于我,也不应因为他们是你的同学,和你一样都是学生,就觉得他们的意见无关紧要。重要的是服从于……

生:权威!(哈哈大笑)

师:谁是权威啊?

生:孙老师,您是权威!

师:我的权威现在一文不值!

生:(一女生倏地举手示意要求发言)我觉得话"融入"比较好,因为"投入"感觉是用身体静静地去写那个字,融入用心在写。

师:(邀请发言女生和老师一起蹲在那位男生身旁)请给他讲讲。

生:在用"投入"的时候,只是用身体在静静地写;而用"融入",感觉用心在写字。

师:你觉得她说得有道理吗?

生:有。

师：是服从她吗？

生：我服从她。

师：她是权威吗？

生：她不是权威，但她是真理！

师：真理大于权威是吗？

生：是！

（老师邀请一男一女到前台黑板。男生写权威，女生写真理。先示意男生，再示意女生用数学符号表示两者的关系。男生、女生在黑板上写下权威＜真理。）

（老师把"孙建锋"这三个字写在权威下面。）

师：（对女生说）把你的名字写在真理下面。

（女生在黑板写许楚若。）

师：看看孙建锋和许楚若的关系如何？

生：（女生）孙建锋小于等于许楚若。

师：等于是啥意思？

生：（女生）每个人都是平等的。就算真理大于权威，有时候权威也是对的，权威等于真理。（鼓掌）

师：请你（男生）。

生：孙建锋小于等于许楚若；孙建锋大于许楚若。

师：啥意思？

生：许楚若的真理只有一样；孙老师的权威有两样。现在，我真正体会到真理是大于权威的，虽然你的气势比较大一点，但是还是比不过真理的存在。权威有时也会出错，而真理是真正的道理。

师：（真诚为两位学生鞠躬）这一番道理，我没有教你们，而是你们教我的。所以在课堂上，有老师存在，还有老师的老师存在。我现在就是一名学生。你们就是……

生：老师！

……

微视频中，学生敞开心扉说出心里所想，这就是"直言"。直言的孩子，就是直言者。

直言者说的权威＜真理，是他们认为是真的东西，还是他们所说的真的就是真的？举例证明你的观点。

三 // "权威＜真理"真的就是真的吗

欣赏微视频《2+2=5》，微视频中"2+2=5"象征权威，"2+2=4"象征真理。"权威＜真理"真的就是真的吗？辩论！

正方："权威＜真理"真的就是真的。

反方："权威＜真理"真的就是不真的。

先写辩词，再行辩论。

师：（总结）述说自己之真，是一种说真话的形式，是一种直言当下"所是的东西"，是一种立场与本分，是一种责任与义务，是一种"自我教化"与"自我实践"的生存方式。

/ 教学反思 /

述说自己之真是一节带有说理性质的即兴发言创课。它有三个特点：一是自己生出自己；二是自己批判自己；三是自己解放自己。

一、自己生出自己

无论是"创思想"还是"创教材"；无论是"创设计"还是"创教学"；无论是"创反思"还是"创发表"。"六创一体，一体六创"的创课，都是从"0到1"的原创。

从这种意义上来讲，创课，意味着"自己生出自己"。

自己生出自己的最大表征——陌生。

陌生的极大功能是助产"陌生"。

以一种"陌生"助产另一种"陌生"，"陌生"成为思考"陌生"

的重锤。

"教室A"是陌生的，使充满激情的质疑与挑战思想腾空而起；
"教室B"是陌生的，使"权威＜真理"之声在空中浪漫呐喊；
"教室C"是陌生的，使"权威与真理"在对峙中释放甜蜜折磨；
……

自己生出自己的创课，是独一无二的——

几乎找不到什么历史类似物，找不到类似于它的同道，它完全溢出了拷贝的范畴。其思想闪电劈开了一道深渊般的沟壑；之后，思想再也不像原先那样一成不变了。于是，创课有了神秘的"胎记"，在玄妙与典雅、繁复与简约、疾驰与舒缓、呐喊与低语的变奏、交响、和鸣之中，谱就"布道"的"神曲"。

自己生出自己的创课，是一种艺术品——

它并非某种存在于那里可以被找到或被发现的东西，而是某种必须被创造的东西；它意味着创课是生命自身的自我创造、自我展现和自我实现的过程。只有自己真正把握自身生命的脉动频率，只有掌握自身生命内在要求之精华，只有自己同自己内心最深处、最孤独的思想进行对话，发现最内在的、同时又是最自由奔放的力量，才有可能创造出富有生命力的教学艺术作品。

二、自己批判自己

批判是主体对权力的质疑，譬如：

师1：下一个规矩是，三好学生只有在能问问题的时候，才问问题！
生：我们怎么知道，何时能问问题呢？

批判是主体对权力的蔑视，譬如：

师2：课堂上同学们要守规矩！

生：这都是去年的老规矩。

批判是主体对权力的反抗，譬如：

师：2+2=5。
生：2+2=4。

批判是对主体屈从状态的解除，是一种不被统治的艺术。

在批判的教学过程中，教师如果明晰了学生说真话的行为是在建构自己成为说真话的主体，就意味着从内在开始了自己批判自己的修炼历程。

三、自己解放自己

真正的解放是个体的解放，要从你已经习以为常的压迫中解放出来。自己解放自己，是最艰难和最根本的解放，这样的解放不但需要勇气，而且要依靠勇气，就像教室A、教室B、教室C里的直言者。

真正的解放或者使解放成为可能的条件，就是要尊重"异"。也就是每个人都不一样，每个人的过去和现在也是不一样的，只要是受压迫者，就是持续不断的不一样、不一致，所以尊重个体、解放个体，就是尊重每个相异的个体。而真正的自由是反抗任何压制个体差异的权力，追求从这些权力中解放出来的自由。

尊重"异"，就是不要像教室A、C搞一言堂、独断专语，要包容"异见"，持包容性思维，以多维视角审视问题，在多维空间中包容不同意见，真正的人道主义可能在于此。胡适先生有言："异乎我者未必即非，而同乎我者未必即是；今日众人之所是未必即是，而众人之所非未必真非。"

陀思妥耶夫斯基《卡拉马佐夫兄弟》主人公伊万的话震耳发聩："即使这座巨大的工厂会带来最不可思议的奇迹，但只要以孩子的一滴眼泪为代价，我也会拒绝"。这完全是一种人道主义。无论你的计划多么美好，无论你的理想多么高尚，但是只要个体的"异"受到了一点权力的压迫，我也要反抗到底，而不是争取所谓的"分数"。

无论是"自己生出自己""自己批判自己"还是"自己解放自己"。都是让自己成为自己，也让别人成为别人。前为立己，后为立人，以立己之道立人，便是由近及远，推己及人，斯为大道。大道者，人人可行，无论是我成为我，还是他成为他，都是要成为人，人人都成为更好的自己。人的一生，就是不断成为自己的过程。

第六章

综合学习

怎样认识传统文化的价值，培养文化认同和自觉传承的美德？

请走进《中国传统节日》的综合性学习。

开展综合性学习，弘扬传统文化

——部编教材三下综合性学习《中国传统节日》教学建议

一 // 明确教材为什么安排《中国传统节日》的综合性学习

课程标准指出，语文综合性学习有利于学生在感兴趣的自主活动中全面提高语文素养，是培养学生主动探究、团结合作、勇于创新精神的重要途径，应该积极提倡。

三下教材中的综合性学习单元的人文主题就是中华传统文化。这个单元的语文要素是：了解课文如何围绕一个意思把一段话写清楚的。收集传统节日的资料，交流节日的风俗习惯，写一写过节的过程。也就是通过综合性学习的方式来学习和了解中华传统文化，认识传统文化的价值，培养文化认同和自觉传承的美德。

二 // 中华传统为
主题的综合性学习教学创意

（一）资料的收集与记录

1. 范例引路，有目的地搜集。

活动伊始，让学生明确"节日名称""过节时间"和"节日风俗"这三个关键词，以便开展有目的的资料搜集。

2. 拓宽思路，多形式地记录。

在对想要了解的传统节日进行讨论之后，"怎么了解"和"用什么方式记录"成了此次综合性学习活动中各个小组充分发挥自主学习能力和个性化展示的项目之一。书本中出示了"我打算问问长辈，再去查查相关的资料"和"我想用表格记录了解到的信息"两个泡泡语，揭示了"问长辈"和"查资料"这两个了解办法以及"用表格记录"这一种记录方式。这样的基础做法很实用也很适合三年级的学生操作。

（二）素材的梳理与优化

1. 小组合作，参与活动。

《课程标准》指明：综合性学习应强调合作精神，注意培养学生策划、组织、协调和实施的能力。在"综合性学习"中，要发扬小组合作的精神，鼓励小组每一位成员积极参与其中，自信地发表意见，认真倾听同伴的表达，在有疑问处提出问题，有礼有节地回应别人的质疑。此时，教师需要深入到各个小组中，仔细倾听学生们的交流和讨论，在必要时给予帮助和指导。

2. 形式多样，多维展示。

仔细阅读活动提示中的泡泡语"我们小组打算制作关于中秋节的手抄报，还需要补充一些图片"后发现，手抄报这个形式将语文学科与美术学科相结合，跨学科的展示形式是《课程标准》所提倡的，也是开拓学生思路的优秀范例。由此引导学生思索展示的形式，可以是传统节日的故事会，也可以是传统节日的美食分享等，让综合性学习的"综合性"体现得更加充分。

（三）成果的展示与评价

1. 展示成果，助力习作。

在"展示活动成果"中有四个泡泡语，有美食展示类的"我来展示我家做的月饼"；有书法类的"我们给大家表演写春联"；有朗诵类的"我们小组为大家朗诵和中秋节有关的古诗"；还有美食制作类的"我来给大家讲讲怎么包粽子"。教师在活动前就可以以此为思路，继续拓展讲故事类、歌曲类、美食品鉴类、故事表演类和习俗画报等多样的展示形式。有了多样式的展示激发，学生再进行习作练习就更加能将自己印象深刻的故事写下来了。

2. 多元评价，体现"综合"。

在"综合性学习"活动中，既有学生个体的独立钻研，也有学生小组的讨论研究，所以除了教师的评价之外，要多让学生开展自我评价和相互评价。教师除了对最后的展示情况进行终结性的评价，还要对活动过程中学生们的互动研讨进行过程性的评价。这样多种渠道、多种形式的评价方式更能体现综合性学习的特点，对学生的兴趣维持和习惯培养，有着重要意义。

/ 教学反思 /

部编教材三下第一次安排了综合性学习。这也是学生与综合性学习的第一次亲密接触。我们需要明确如下问题：

一、何谓语文综合性学习

语文综合性学习是以语文学科为核心，注重语文学科与其他学科、学校生活和社会生活之间的整体联系，从学习者的兴趣与需要出发，以实践活动为主要形式，综合运用各种学科知识、技能和学习方式，培养学生综合运用知识解决实际问题的能力的学习。

二、语文综合性学习的特点

1. 综合性。从如上定义可以看出,综合性学习的突出特点是综合性。它要求活动情境中的学习个体能够整合多渠道的学习资源、多学科的知识内容与多方面的语文能力等,从而克服传统符号学习的相对机械枯燥与单一片面的性质,并追求一种宽广而复杂的联合,以及在问题情境中主动应对、灵活应变的思维智慧。同时,它还要求学生能围绕学习和生活的关系开展研究性学习,学会搜集与利用学习资料。

2. 实践性。综合性学习借助活动的亲历与体验,互助合作并感悟意义,关注学生参与活动与解决问题的积极性与主动性,这体现出了它另一个特点——实践性。诚如《课标标准》所表明的:"语文课程是一门学习语言文字运用的综合性、实践性的课程。"

三、语文综合性学习的意义

语文综合性学习,不仅能提高学生的听说读写能力的整体发展,而且在活动中,多种教学资源元素(如:绘画、唱歌、跳舞、朗诵等)的加入激发了学生的学习兴趣;对活动资料的搜集与整理给予学生必要的语言积累;非连续性文本的解读提高了他们的理解力和探究力;对活动内容的理解与把握培养了他们的品德修养和审美情趣;学生们在活动中的积极参与让他们的习作能力、口语表达能力有所提高;师生们对活动过程的组织、策划、协调、实施也培养了他们相互配合、团结合作能力……这些要素都有效地促进学生多元智能的发展。因此《课程标准》指出:"语文学习应注重听说读写的相互联系,注重语文与生活的结合,注重知识与能力、过程与方法、情感态度与价值观的整体发展。综合性学习既符合语文教育的传统,又具有现代社会的学习特征,有利于学生在感兴趣的自主活动中全面提高语文素养,有利于培养学生主动探究、团结合作、勇于创新的精神,应该积极提倡。"

一种文化愈自信，愈开放；愈开放，愈伟大。一种教学愈开放，愈对话；愈对话，愈超越。基于部编教材四下综合性学习《轻叩诗歌大门》的创课《关于月亮的古诗、神话、童话串串烧》处处彰显着自信、开放、对话的人文气息。

关于月亮的古诗、神话、童话串串烧

——部编教材四下综合性学习《轻叩诗歌大门》创课

一 // 音乐渲染，激情导入

播放歌曲《在那东山顶上》，导入本课主题。

谛听空灵的天籁之音，不禁让我们想起那些美得令人心醉的有关月亮的诗句：

——小时不识月，_____。

——举头望明月，_____。

——举杯邀明月，_____。

——海上生明月，_____。

——明月松间照，_____。

——月上柳梢头，_____。

……

每每读到这些千古不磨的诗句，便使人想起美好诗意的月亮。看到美好诗意的月亮，你能想起关于月亮的什么故事呢？

二 // 欣赏月亮 A 面的神话

（教师播放视频《嫦娥奔月》，学生观看。）

师：《嫦娥奔月》的故事，爷爷讲给爸爸听，爸爸讲给儿子听，儿子讲给孙子听……口口相授，代代相传。相传的是我们文化的——

生：根。

师：人们为何创造《嫦娥奔月》的神话？

（学生阅读。）

有人说，人生世界是一个向死而生的"大监狱"，人人都被判了"死刑"。神话是以创造力反叛死亡，是艺术的"越狱"。"越狱"是生命的向生而生。

月，圆缺盈亏、循环往复、生命永续，是人们幻想中永恒的美好归宿。设若人、月能够亲密相处，合二为一该有多好。先民以超凡的想象为生命超越死亡提供了一个永恒的彼岸世界——《嫦娥奔月》且"托身于月"。这是人类对生命永恒的共同追求。

嫦娥奔月，抵达了永恒的彼岸世界，生命摆脱了一切外在形式的束缚，似乎可以享受长生不老了。

但是，她跑得太快了，灵魂却没有跟上，落在了人间。

开弓哪有回头箭，漫漫的生命历程中她再也不能回家，再也不能团聚，只能终日倚着桂树，看着小白兔捣药……

千年嫦娥，千年孤独！千年心结，千年解读！

三 // 走进月亮 B 面的唐诗

师：我们来欣赏李商隐的《嫦娥》：

嫦 娥

云母屏风烛影深，

长河渐落晓星沉。

嫦娥应悔偷灵药，

碧海青天夜夜心。

（教师引领学生读出韵味、品出情味。）

师：有人说从来没有人像李商隐那样把诗写得如此深情，如此缠绵，如此绮丽，如此精巧，如此接近人心，如此感天动地、气韵悠长。但是，"嫦娥应悔偷灵药，碧海青天夜夜心"，只是《嫦娥奔月》的翻版，缺少创意。离开了嫦娥，我们还有新颖的关于月亮故事吗？

四 // 走进月亮 C 面的童话

（教师播放动画片《月神》，学生观看。主要内容为：有一个小男孩，一天晚上他的爸爸和爷爷乘着木船把他带到了远离岸边的大海上，等待着这个男孩的是一个巨大的惊喜……一个大大的圆圆的月亮升起来了，爸爸搬来"天梯"，他们祖孙三人爬上了月亮。他终于发现了他们家族神秘工作的真相——扫星星。爷爷、爸爸都有自己扫星星的方法。突然一颗巨大的星星落下来……不过，一个困惑摆在他面前：他究竟该循规蹈矩地按照老传统来继续这项工作呢，还是以自己的方式来完成它？）

师：看过月亮 C 面的童话，同学们一定有好多心里话想说。

生：那颗巨大的星星被孩子轻轻一敲，顿时化成了满天星雨……那一刻，黑胡子爸爸呆了、白胡子爷爷傻了，全世界都陶醉了。

生：每人心里都住着"祖孙三人"；常常会遇到"扫星星"一样的问题。爷爷、爸爸的"老办法"不管用，就要用孙子的"新办法"，找准"关键点"，轻轻一敲，问题就"星碎"了。

生：月光真美，比月光还美的是想象；比想象更美的是扫星星人的智慧。

五 // 想象月亮 D 面的传奇

师：最美的故事是月亮 D 面的传奇，你们想看吗？

生：想！

师：千江有水千江月，月亮 D 面的传奇就在你的心里。请放飞想象，超越中外，开创月亮 D 面的传奇。用笔写下来，然后交流。

生：……

六 // 总结收课，升华情感

月亮 A 面的神话——凄美；月亮 B 面的唐诗——情美；月亮 C 面的童话——智美；月亮 D 面的传奇——创美！思接古今，视通中外，多维月亮，多元文化，各美其美，成其所美，美美与共，和美大同！

/ 教学反思 /

《关于月亮的神话、古诗、童话串串烧》，是基于部编教材四下综合性学习《轻叩诗歌大门》，将有关月亮 A 面的神话《嫦娥奔月》、月亮 B 面的古诗《嫦娥》、月亮 C 面的动画片《月神》组合而设计的一次综合性学习的创课。

课行中，当学生与月亮 A 面、B 面、C 面的故事对话之后，我适时引导："最美的故事是月亮 D 面的传奇，你们想看吗？"学生回答："想！"我接着引导："千江有水千江月，月亮 D 面的传奇就在你的心里。请放飞想象，超越中外，开创月亮 D 面的传奇。"十分钟后，孩子们便争先恐后与大家分享他们打造的"月亮 D 面的传奇"：

生：有个小女孩，她梦想到月球上去。于是，她就自己制造了一把弓箭，把自己射向了月球……（《把自己射向月球》）

师：超级震撼！（老师把题目写到黑板上）你不仅把自己射向了月球，也把自己的未来射向了北大、哈佛……（笑声）

生：寂寞的嫦娥在月球上利用桂花树制造了一个飞行器，带着小白兔一起飞回了地球，回到地球后发现后羿还在等着她吃饭呢，饭桌上的饭菜，已经热了好多遍了……（《嫦娥回来啦》）

师：温馨浪漫！人圆，梦圆，心圆，团团圆圆！

生：有个哈佛男，勤工俭学、省吃俭用，创造了一艘航母。他的航母就像今天的出租车一样，能够载客登月。航母造好以后，他请他的家人、同学、老师一起飞往月球，并且是免费之旅。只要他的航母在月球一着陆，地球上所有的航母以及核武都会自动解除武装，失去进攻作战的能力，因为他的航母有一种磁场，可以锁定所有毁灭性武器的按钮，没有任何人可以打开，这个哈佛男，就站在你的面前。（《我是哈佛男》）

师：一切皆有可能。人，就是最大可能。加油！哈佛男！

生：有个小女孩非常喜欢演讲，遗憾的是地球上没有喜欢听。（《哥哥孙建锋》）

师：在听着呢！请继续！

生：一天，她搬来一把天梯，爬上了月球去演讲。小女孩的身边站着她的哥哥。

师：她的哥哥——

生：孙建锋。（笑声）孙建锋十分专注地听她演讲……

师：孙建锋喜欢听天籁之音。

生：小女孩觉得孙建锋是她的知心哥哥，是她真正的知音。

……

师：千古知音不难觅，他就站在你身旁。请把故事的名字《哥哥孙建锋》写上黑板。

……

有人说故事都是假的，但故事带给我以及在场听课老师的震撼却是真的。

这种震撼就是对话，一种在绝对自由状况下展开的主际对话，它所产生的"三"永远高于"二"。

这正是综合性学习《关于月亮的神话、古诗、童话串串烧》创课的初心：将三元命题悬为高标，跳出一元与同质文化的窠臼，加强中西异质文化之间的对话与交流。正如奥地利文学家霍甫曼萨所说："异文化是得救的保障，是人类回归自身的保障。"

一种文化愈自信，愈开放；愈开放，愈伟大。

一种教学愈开放，愈对话；愈对话，愈超越。

法国有句俗语：如果蛹只知道照镜子，永远不能成为蝴蝶。拘泥传统、食古不化的文化与教学，永远跳脱不出"蛹照镜子"的怪圈。

上文教例揭示：孩子们蛹化成蝶，精神生命得以提升与超越，是通过不断地交流对话产生的。对话前，彼此好的东西各自藏着；对话后，彼此好的东西不但发挥出来，而且发生了质变。一如《哥哥孙建锋》，就是一种令人震撼的对话质变。它的震撼意义在于对话，不是言说者的单边存在，而是言说与倾听者同在。没有倾听的言说和没有言说的倾听同样是荒诞的。

相对于我们的课堂上教师的言说而言，我们的孩子更渴望教师的倾听。《哥哥孙建锋》就是学生对倾听回归的最萌点赞，也是对倾听缺席的诗意批判。

倾听是老老实实的活儿，来不得半点虚假和做作。倾听是对真诚直截了当的考验。所以，如果教师伪装倾听，就不但是虚伪，而且是愚蠢了。

倾听者是美丽的。如果教师能够抛弃唯我独尊的傲慢和道貌岸然的虚荣，真诚地蹲下身来，目光清澄地注视着孩子，那么就能谛听到孩子们五彩缤纷的世界里有日落月升的呼吸；有虫蚁鸟兽的欢歌；有风里云里的消息；有无声里的千言万语；还有心与心碰撞的清脆音响，宛若风铃。

在创课中走进无边界学习，绝非是为过去的学习强加一种表现形式，而是一个生成事件，永远在进行中，永远没有结束，超越任何可能经历或已经经历的内容。这是一个过程，一个穿越未来与过去的生命片段。

孩子们的发现

——部编教材五下综合性学习《童年的发现》创课

一 // 课启

（教师出示图片：石基上有一组排成一队的石雕小兔子，一个小娃娃弯腰企图把下面的一只小兔子抱上去。）

师：孩子们，看一看这幅图画，好不好玩，能不能说一说哪个点比较好玩？

生：这个小孩子。

师：是的，这个小孩子，好玩的地方在于？

生：他想把这只小兔子抱上去。

师：是啊。他想把石雕的小兔子抱上去。实质上反映了这个小孩子的童真、童趣、童心。这是他好玩的点，非常厉害，他一眼就能发现这个点。发现，往往没有现成的答案，只要用我们自己的眼睛看，用我们自己的大脑去思考，就能发现，我们一起来读一读——

（教师投影课题。）

生：孩子们的发现。

师：（诙谐）听口音，你们好像读出了大人们的发现。也就是说，你还不想承认自己是个孩子。第二遍读的时候要像孩子们在读。预备，起——

生：孩子们的发现。

师：这遍读得轻松愉快多了，没有那么多的沉重，那么多的负担。读出来的声音朗朗的、润润的，里面带有一丝甜，还带有一种跳跃。像小鹿一样的跳跃、那般欢快。

师：我们第三次读课题，预备起。

生：孩子们的发现。

师：越读越有味道，给自己一下掌声好吗？

（学生鼓掌。）

师：自信是从掌声中成长起来的，特别是从自己的掌声中成长起来的，给予别人掌声，别人自信；给予自己掌声，自己自信。既给予别人掌声，又给予自己掌声，我们都自信。伸出大拇指，对着自己的鼻尖说："我很自信。"

（学生竖起大拇指，指着冲着自己的鼻子。）

生：我很自信。

师：好样的！孩子们的每一次发现，都是——（投影）

生：哥伦布发现新大陆。

师：（提高音调）孩子们的每一次发现，都是——

生：（铿锵有力）哥伦布发现新大陆。

师：法国作家纪德说，如果没有勇气离开海岸线，长时间在海岸孤寂地漂流，那你绝不可能发现——

生：新大陆。

师：是啊，那么让我们一起扬帆起航，开启发现之旅。（投影：一艘艘乘风破浪的航船）每一艘船都是为你准备的，你自己本身也是一艘船，驶向自己心目当中的远海、深海，那里有一块块未知的新大陆。

二 // 课中

第一季：我们一起玩游戏

师：不喜欢玩游戏的举手？（没人举手）

师：大家都喜欢游戏。游戏是人的精神活动不受压迫时候的一种自由。所谓"精神活动不受压迫"就是我脑袋里怎么想，谁也管不了，这就是不受压迫。我的心愉快，谁也不能用一只手把它压下去；我的幸福满满的，谁也别想把它从我的衣兜里拿走。这些精神层面上的东西都是属于你自己的，你拥有得越多，你越自由。孩子们，只有在游戏当中，我才是我自己，才是自由的，所以做游戏时孩子们都非常开心。"只有当人充分是人的时候，他才游戏；只有当人游戏的时候，他才完全是人。"同学们知道这句话是谁说的吗？

生：席勒。

师：你认识他吗？

生：不认识。

师：席勒是英国的哲学家、美学家。我们的游戏很简单，今天上课的老师叫——

生：孙建锋。

师：是啊，你们一起喊孙建锋。心里面一定有一种想法、感受、体验，预备，起。

生：（高呼）孙建锋。

师：真响亮！你心里面是怎么想的就怎么说。

生：孙建锋很帅！

师：是我的颜值，让你判断我很帅？

生：是的。

师：你怎么想？

生：我想孙建锋老师很有学问。

师：你怎么感受出来的？

生：从你刚才的说话。

师：言是心声。语言能透露一个人的信息。孙老师一开口讲话，孩子就认为他有学问。

师：你呢？

生：我觉得孙建锋的名字很有诗意。

师：一个诗意的女孩儿，才能看出一个诗意的名字。

师：你呢？

生：孙建锋老师很值得我们敬佩。

师：为什么？

生：孙建锋老师很有智慧。

师：智慧，很抽象，似乎不可捉摸，你却能把它拎出来，这就是你的发现。了不起！孩子们，第二次喊孙建锋的时候，姓就不用喊了。

生：（直呼）建锋。

师：这时，你同样会产生一种心理体验。

生：如果叫你建锋的话，显得更亲切。

师：你的情商很高。如果说能否读清华、北大，取决于你的智商，那么能否当上 CEO，关键取决于你的情商。给 CEO 掌声！（学生热烈鼓掌）

师：赢得别人的掌声，就赢得了自信。自信比什么都重要。无论上学多少年，如果没有自信，就是一个失败者；如果能够自信满满地走出学校，那么深圳的明天就是你的！

师：你有什么感受？

生：如果读"孙建锋"的话，会觉得你很有智慧；如果读"建锋"的话，显得你很幽默。

师：不一样的感受啊！还有没有第三种声音，和他俩想的都不一样。想法与众不同最优秀。谁来？

（学生沉默不语。）

师：没关系，等待需要时间。孩子们，第三次既不喊姓也不喊中间的建字，只喊看最后一个字。一般的情况下，我是不允许别人喊我最后一个字的。（学生爽朗的笑声）

师：今天是特殊的情况，是我送给你的礼物。要不要？

生：要——

师：一起喊一遍，预备，起。

生：（喊）锋——

师：多喊一会儿吧，尾音绵延一片！不是窗儿未开，而是风未来！"锋"刮到你心里去了，你的心窗已经打开啦。此时此刻，你的感受是什么？

生：喊"锋"，我们就是很亲近的朋友！

师：刚才有一个同学说，喊"建锋"很亲切。你现在把"亲切"改为"亲近"，后面还加了一个朋友。你的情商也很高。两个高情商的孩子，站起来，你们俩走到一起来。我看你们俩怎么表示你们很友好。不用说话，用身体语言表示。

（两个学生友好地握了握手，亲切地拥抱。）

师：这就是情商。瞬间的领悟力，友善的亲和力，敏捷的表现力，彰显了你们的智慧与诗意。

师：孩子们，我们玩了一个喊"孙建锋"的游戏，从中我们发现了什么呢？我是一个参与者，一个聆听者，一个思考者。一喊，二喊，三喊。孙建锋的名字越喊越……写下来，一个字，速度要快，填写要准。（学生奋笔疾书）

师：请分享你的答案！

生：一喊，二喊，三喊。孙建锋的名字越喊越少。

师：我与孙建锋的心理距离越来越——

生：近。

师：每一次发现，都是新大陆。请你们读一读：孙老师是人，我也是人。

生：（读）"孙老师是人，我也是人。"

师：没有自信，你来读一读。

生：（自信地读）"孙老师是人，我也是人。"

师："我也"读得饱满，这就是自信。一起读——

生："孙老师是人，我也是人。"

师：你发现，"我和孙老师是——的"？

生：是平等的。

师：你将来适合做哲学家，因为你逻辑思维能力强。人和人是平等的。孙老师是人，我也是人。孙老师和我是平等的。

（回答问题的学生兴高采烈。）

师：你能把刚才黑板上这几句话读一下吗？

生：人和人是平等的。孙老师是人，我也是人，我和孙老师是平等的。

师：你能不能转过身去说一下？（学生复述一遍）

师：刚才我们是通过什么例子表现出孙老师和我是平等的。

生：通过喊孙建锋名字来表现我们是平等的。

师：无论做什么事，都会有一种意义，这就需要我们去发现。你发现了孙建锋的名字越喊——

生：越少。

师：这看到的是表象。你还发现学生与孙老师的心理距离越喊——

生：越近，这发现的是内心。

师：我和孙老师是平等的。发现的是——

生：本质。

师：我们深圳现在常住人口 1000 多万。你于是就有了一个理念：这 1000 多万人都是——

生：平等的。

师：我们这一个班有多少人？

生：42 人。

师：这 42 个人都是——

生：平等的。

师：是的，我们都是平等的。你的语文老师是——

生：李娟老师。

师：说你和李娟老师是——

生：平等的。

师：转过脸去看看，在座的听课老师是——

生：人。

师：你也是——

生：人。

师：你们是——

生：平等的。

师：你会看待人与人之间的关系了，你进步了！给进步的自己掌声。（学生开心地鼓掌）

师：从铿锵有力的掌声中看出你们的自信已经达到了85分，还有成长的空间。一起来读一读——（投影文字）

生：孩子们的每一次发现，都是哥伦布发现新大陆！

第二季：我们一起看秒拍

师：如果说刚才第一季是早春，我们走进第二季：阳春！（教师投影文字：第二季：我们一起看秒拍）

师：喜欢看的举手？（学生举起手）

师：课前老师是怎么和你们打招呼的？现场表演一下。愿意扮演上课老师的走到前面来。（一位学生举手后快速上台）

师：你贵姓？

生：我姓刘。

师：刘老师。

师：你现在就是——

生：刘老师。

师：刘老师进课堂了，要和你们打招呼了。

师（刘）：同学们好！

生：老师好！

师（刘）：请坐！

师：谢谢刘老师和同学们的表演。我们看一段秒拍。

（视频内容：一位黑人老师课前站在教室门口，逐一与走进教室的学生打招呼，黑人老师与每位学生打招呼的动作都不一样。）

（学生开心地观看。）

师：如此简短又不简单的学生与老师课前打招呼的秒拍小视频，时长只有一分十秒，信息量足够大，它就像一个大金矿，有待我们开采，有待我们去挖掘。

（课件出示：我发现。）

生：黑人老师与每位学生互相打招呼的动作都不一样。

师：但，每个人脸上的——与内心的——都一样。（学生动笔填写）

师：可以发表自己的看法了吧？（学生依次举手）

师：举手的越来越多，说明你们的自信在成长，像小禾苗一样浇一点水，长了一截，接受一点阳光雨露又多发了一枝丫。其实，我不用喊名字了，你愿意说你就站起来，点名回答，是不公平的。

生：（自愿站起来）每个人的脸上的表情和内心的情绪都一样。

师：什么情绪？

生：愉悦。

师：敢于挑战他的，请发言。

生：每个人脸上的喜悦与他内心的舒展都是一样的。

师：我还发现，黑人老师能创造，每位学生也能_____。赶快写下来，两个字，要的就是第一反应，要的就是准确性。

（学生补全句子。）

师：请你来！

生：黑人老师能创造，每位学生也能创造。

师：我们再来发现，人人都是？

生：人人都是创造之人。

师：你是创造之人吗？

生：是的。

师：你是创造之人吗？

生：是。

师：你呢？

生：是的。

师：好的，你们三位站起来，你们仨合读：人人都是创造之人。预备，读！

生：人人都是创造之人。

师：真棒！给他们掌声！他们三人代表的不是他们三人，他们代表的是我们今天四十多位同学，我们一起来读。

生：（齐）人人都是创造之人。

师：大家都是创造之人！（展示课件）我发现，课前喊老师名字、师生打招呼，都是考不着的，我们暂时称它"无用"。"无用"还教，我的看法是请写下来。

（学生书写）

师：我们要的是第一反应，我们要的是主动分享！

生："无用"还教，我的看法是对学生的尊重，有助于拉近师生的距离。

师：第二种声音更宝贵。

生："无用"还教，我的看法是孙老师的智慧和情商很高，而且增加了师生之间的感情。

生：我的看法是，喊名字与打招呼都是在建造良好的师生关系。

师：（蹲到学生旁边）良好的师生关系指的是？

生：平等关系。

生：朋友关系。

生：血缘关系。

师：老师不要高高在上，当一个教室里的皇帝——师皇，让所有学生都"跪"在你的面前，臣服于你，师生应该是平等的，像——

生：朋友。

师：缔造这样的关系，是无用的吗？

生：不是。

生："无用"还教，我的看法是，这"无用"是迎接太阳升起的万物，是师生间逼真的感情纽带。

师：你到前面来，自信一点，大声说。

生：我的看法是，这"无用"是迎接太阳升起的万物，是师生间逼真的感情纽带。

师：诗意啊！你叫什么名字？

生：赖爱彤

师：能不能叫她诗意女孩？

生：可以。

师：请喊一下诗意女孩。

生：诗意女孩

师：夸夸她！

生：（竖起大拇指）你真棒！

师：诗意女孩，你真棒！送她一个大拇指，一起来！

生：（齐）诗意女孩，你真棒！

师：师生之间、人和人之间，是朋友关系，这个"无用"是堪大用，你和我之间不是一座孤岛，我们是朋友，所以你以后走进侨香学校，遇到的老师

第六章 综合学习

都是你的——

生：（齐）好朋友。

师：一起来。

生：（齐）孩子们的每一次发现，都是哥伦布发现新大陆！

第三季：我们一起看体育课

师：从第一季到第二季，我们从早春走到了阳春。第三季，我们将走向初夏，我们一起来看一节体育课。

（教师播放视频，生兴趣盎然观看。）

师：这是一段短短十几秒的体育课小视频。你对这节体育课一定有自己的发现。这节体育课里每个孩子都玩儿得那么开心，原因在于——请写下来。

（学生在纸上书写。）

师：展示自己，分享成果。有信心的同学可以站起来。（有学生站起来）勇敢的，请到前面来。（有学生走到了前台）自信要升级！好了，舞台是你们的，你们按照顺序进行吧！

生：这节体育课里每个孩子都玩儿得那么开心，原因在于一份新的乐趣，一个新的游戏，能创造孩子们的一份新的开心。

师：她用了三个"新"，再复述一遍！

生：新的乐趣。

师：新的乐趣。

生：新的游戏。

师：新的游戏。

生：能创造一份新的开心。

师：三"新"加一"心"，开心！给"新"和"心"掌声。

生：这节体育课里每个孩子都玩儿得那么开心，原因在于他们每个人都有开阔的心，没有人能够压迫他们。

生：这节体育课里每个孩子都玩儿得那么开心，原因在于孩子们是自由的，他们心中什么也没有想。

师：是的，小鸟会想什么呢？该飞就飞吧，蓝天是你的、树林是你的、快乐是你的！

生：这节体育课里每个孩子都玩儿得那么开心，原因在于玩的都是他们喜爱的玩具。

生：这节体育课里每个孩子都玩儿得那么开心，原因在于他们玩出了自己的内心。

师：玩的最高境界是"玩"内心哦，给掌声。（学生鼓掌）您贵姓？

生：我叫罗思琪。

师：罗老师，是教孙老师的罗思琪。"玩"内心挺高兴，我永远记住这一句话。

生：这节体育课里每个孩子都玩儿得那么开心，原因在于他们是无拘无束的，他们的内心是自由的。

师：无拘无束是外形的，没有人把我捆绑起来叫无拘无束，而内心是自由的，从外面无人束缚到内心的完全地开放，人就变成了人，体育课就变成了真正意义上的体育课。

生：这节体育课里每个孩子都玩儿得那么开心，原因在于孩子们能在体育课放松自我，开心地玩耍。

师：放松自我，最高境界。

生：这节体育课里每个孩子都玩儿得那么开心，原因在于他们没有在乎外界的感受，只会感受自己的内心。

师：忘我的境界。

生：这节体育课里每个孩子都玩儿得那么嗨皮，原因在于他们是在自由玩耍，在自由中自由玩耍。

师：好一个在自由当中自由的玩耍！富含哲思，语言精当，又有思辨，你就像一个高中生，或者说一个大学一年级的学生，真棒！

生：这节体育课里每个孩子都玩儿得那么开心，原因在于他们是平等的、不分高低贵贱；他们也没有作业的压力，可以放松自我地玩。

师：人只有在无压力时候，才能玩得如此尽兴。

生：这节体育课里每个孩子都玩儿得那么开心，原因在于在场上有投影仪，孩子们充满了好奇心，自由自在地、高高兴兴地玩耍。

师：一般投篮的篮筐都是？

生：是实物立体的。

师：是实物的、立体的、固定的。视频中投篮的篮筐变成了？

生：篮筐变成了一只投影上去的小爬虫。

生：这节体育课里每个孩子都玩儿得那么开心，原因在于他们没有被别人压迫，放松自我地玩耍。

生：这节体育课里每个孩子都玩儿得那么开心，原因在于他们释放了自己的天性，顽皮、天真、淘气。

师：释放天性，多有味道的语言。这节课你的天性释放了吗？

生：释放了。

师：_____ 才是最好的老师。

生：会和孩子做朋友的才是最好的老师。

生：快乐才是最好的老师。

生：自己才是最好的老师。

师：自己做自己的老师，有创造性！自己才是自己最好的老师，这是了不起的内省！

生：创造才是最好的老师。

生：创新才是最好的老师。

生：玩耍才是最好的老师。

生：自信才是最好的老师。

生：自由才是最好的老师。

生：开心才是最好的老师。

生：兴趣才是最好的老师。

……

师：创造这节体育课的老师是这样想的：_____。请先写下来，再进行交流。

生：创造这节体育课的老师是这样想的：他想帮助孩子们释放天性。

生：创造这节体育课的老师是这样想的：只要孩子们玩得开心就好，不能拘束他们。

生：创造这节体育课的老师是这样想的：如果总是用老套的方法来练习投篮会没意思，倒不如用新的方法，借助投影游戏，把昆虫当篮筐，让孩子们尽情投篮。

师：把篮筐变成了一只小爬虫，这就是创新。一点改变就带来了一片生机。

生：创造这节体育课的老师是这样想的：他们只有在自由中玩耍才能体会到真正的快乐。

生：创造这节体育课的老师是这样想的：我要让每个孩子都玩得开开心心、快快乐乐。

……

（教师出示课件。）

生：孩子们的每一次发现，都是哥伦布发现新大陆！

第四季：我们一起看戏剧课

师：第四季，我们从初夏，走向了仲夏。数学课、语文课、英语课、体育课、美术课、音乐课你们都常见，你们有没有见识过戏剧课？

生：没有。

师：我们一起来看一节戏剧课。

（教师播放视频，学生专注欣赏。视频内容：老师坐在观众席中观看一群小学生自编自导自演一出"戏剧"。表演开始了，老师起身服务：拉上窗帘，打开舞台灯光；学生自行化妆，分配角色，对白表演……一出戏在自主、合作、探究中完成。表演结束后老师起立鼓掌！）

师：看完视频后，请同学们补充以下句子：我发现，这节戏剧课老师的位置变了，由讲台走到了_____。

生：这节戏剧课老师的位置变了，由讲台走到了观众席。

师：说得好，给掌声。（掌声四起）

师：在这节戏剧课老师的角色变了，由导演变成了——

生：观众。

师：角色变了，他不再像导演那样告诉你穿什么服装、背什么台词、做什么动作，他成为了观众席上的观众。老师的教学方式变了，由原来的教，变成了——

生：老师的教学方式变了，由原来的教，变成了欣赏。

生：变成了由学生自己去摸索、去探索、去尝试。

生：老师的教学方式变了，由教变成了学习。

师：向小学生学习，他坐在台下，谦虚地向小学生学习。

师：我发现，这节戏剧课，学生的位置变了，由台下走到了——

生：走到了台上。（边说边走到了台上）

师：你把"学生"变成你的名字。

生：我发现，这节戏剧课，我的位置变了，由台下走到了台上。

师：位置变了就意味着你的角色变了、担当也变了。学生的角色变了，由配角变成了？

生：（齐）主角。

师：这节课你是什么角色？

生：配角。

师：甘愿做配角也好，没有配角，哪来的主角。请给配角掌声。

师：（问另一学生）你认为你现在是什么角色？

生：主角。

师：学生的学习方式变了，孩子们由被灌输，变成了——

生：由被灌输变成了自我输出。

师：在自我输出式的学习方式中，你就像一个充电宝，能把自己的能量输出去。（掌声响起）只有在这样的课堂上，才能爆发出这样质变性的思维，让学生从一个被灌输者变成了一个输出者。

师：孩子们，我发现，学习的舞台本来就是属于——

生：（齐）自己的！

师：我们每个人都是人生这台大戏的演员，你要主动地演，要创造地演！你才能在这舞台上演出戏，永远不落伍。孩子们，给你多大的舞台，你就能演出多大的——。

生：戏。

师：把"戏"字写下来。可不是逢场作戏的戏，这个"戏"具有戏剧性，能使你人生产生变化之戏，是你追梦的戏，是你施展自己、释放自己的戏。

生：（齐）孩子们的每一次发现，都是哥伦布发现新大陆！

第五季：老师评价学生

师：这一季，我们走向丰收的季节，走向秋天。我们一起来看视频《老师评价学生》。

（教师播放视频，学生观看。视频内容：作文课上老师评价学生作文，首先，老师站在学生身旁聆听学生朗读自己的作文；然后，老师请学生坐下朗读其作文，老师蹲下来倾听；最后，老师将学生高高抱起，仰视她，聆听其朗读作文。）

师：从视频中我们发现：评价学生作文时，老师首先_____在学生身旁聆听学生朗读自己的作文；然后老师_____在学生身旁倾听；老师最后将学生高高_____聆听其朗读作文。

生：评价学生作文时，老师首先站在学生身旁聆听；然后老师是蹲在学生旁边倾听；最后老师把学生高高抱起倾听。

师：把学生抱在自己的怀里，老师仰望着学生来倾听她朗诵作文。（投影）教育家玛雅说——

生：学校最重要的是倾听儿童的心声。

师：教授佐藤学说——

生：倾听是教师最美妙的姿态。

师：作家毕淑敏说——

生：如果你谦虚，你就能倾听到心与心碰撞的清脆音响，宛若风铃。

师：一如现在，同学们的心和我的心碰撞，宛若风铃；又似"大珠小珠落玉盘"。

请补全以下句子：

关于倾听，我还发现_____。

（生奋笔疾书，倚马可待。）

师：请分享。

生：关于倾听，我发现学会倾听能走进人的内心。

师：你叫什么名字。

生：梁咏晴。

师：她的发现不输于学者、教授、作家和教育家。倾听可以走进人的内心，我走进你的内心了吗？

生：走进了。

师：你走进我的心了吗？

生：走进了。

师：我们走进了彼此的内心！

生：了解了对方。

师：倾听了对方，了解了对方，给掌声！

生：关于倾听，我发现倾听能拉近人与人、心与心之间的距离。

生：关于倾听，我发现倾听是对人的一种的尊重。

师：你听进去她的话了没有，她说的什么？

生：倾听是对人的尊重。

生：关于倾听，我发现倾听是人的内心的第二扇窗户。

师：越说越有诗意！（边说边搬来一个凳子，请学生坐下）我再聆听一遍你的发现。

生：关于倾听，我发现倾听是人的内心的第二扇窗户。

师：请你站到这把凳子上，再说一遍。

生：关于倾听，我发现倾听是人的内心的第二扇窗户。

师：为什么要站到这把象征冠军的领奖台的凳子上？因为语言也有冠、亚、军之分，把语言说好了，就值得站在自己心里冠军的领奖台上。给掌声！

生：关于倾听，我发现如果你好好去倾听别人的声音，那你就会发现更美丽的声音。

生：关于倾听，我发现只要认真地倾听就可以了解对方的心灵。

生：关于倾听，我发现孙老师很尊重每个上台的学生，给他们上台的机会，鼓励他们提高自信心。

师：他是真心话，是不是？给掌声！

生：关于倾听，我发现倾听是了解一个人最朴实、最有效的办法。

师：最朴实、最有效的办法。孩子们，一起来——

生：孩子们的每一次发现，都是哥伦布发现新大陆！

第六季：学生评价老师

师：第六季，美丽的金秋！（播放视频《学生评价老师》。学生观看视频，视频内容：创课教学后，教师创设情境，让学生评价其教学，并鼓励学生把评语写在教师的脸上。）

师："学生写脸书"，是孙老师和学生一起创造的一个行为艺术。所谓行为艺术，就是一种以身体为媒介进行表达的艺术形式。从这一教学的行为艺术中，我发现_____。

师：你的发现，一个字、一个词、一句话都是一块新大陆，具有里程碑的意义，它将载入你小学生涯的史册，请自由发言。

生：我发现老师请学生把评价写在脸上，这是一个了不起的创造！

师：谢谢谬赞！

生：我发现老师很幽默，不仅敢于创新，还可以当孩子们的知己。

生：我发现这种行为艺术更能激起师生的相互信任。

生：我发现那时那地老师完全走进了孩子的内心。

生：我发现学生的评价是老师最美的颜值！

师：随着年龄增长，我的颜值在下跌，谢谢同学们挽救我的颜值！

三 // 收课

师：（投影）从喊名字的游戏当中，我们发现——

生：师生人人平等。

师：从打招呼的视频当中，我们发现——

生：人人是创造之人。

师：从体育课的视频当中，我们发现——

生：兴趣是最好的老师。

师：从戏剧课堂的视频当中，我们发现——

生：学生人人都是演员。

师：从教师评价学生的视频当中，我们发现——

生：倾听是最美的姿态。

师：从学生评价老师的视频当中，我们发现——

生：那是师生间最宝贵的互信。

师：起立，我们来朗读投影上的文字，男同学来读蓝色字体部分的内容，女同学来读红色字体部分的内容。

（男生、女生朗读。）

师：这一次，站到凳子上读。凡是不害怕的同学都可以站到凳子上，站到凳子上的同学，你们有权选择读蓝色字体部分的内容还是红色字体部分的内容。

生：红色字体部分的内容。

师：好，那么站在凳子上的同学都来读红色的字。预备，起！

（站在凳子上的同学齐读红色字体部分的内容，站在地面上的同学齐读蓝色字体部分的内容。）

师：最后一次，请站到桌子上读。你会发现你站得更高。

生：看得更远。

师生：（齐读）从喊名字的游戏中，我们发现——师生人人平等；

从打招呼的视频当中，我们发现——人人都是创造之人。

从体育课的视频当中，我们发现——兴趣是最好的老师。

从戏剧课堂的视频中，我们发现——学生人人都是演员。

从教师评价学生的视频当中，我们发现——倾听是最美的姿态。

从学生评价老师的视频当中，我们发现——那是师生间最宝贵的互信。

师：让我们悄悄落地，雪落无声诗意美！

有的孩子很注意细节，用手轻轻地拂拭了一下桌面。

这节课，我也是个孩子，我们一次又一次地发现——

生：（齐读）孩子们的每一次发现，都是哥伦布发现新大陆！

师：再见！（孩童的笑声荡漾在教室……）

/ 教学反思 /

《孩子们的发现》是基于部编教材五下《童年的发现》一次综合性学习创课。这次现场创课，体现了综合性学习的无边界性。换句话说，走进无边界学习，是这次综合性学习的特征。

所谓无边界学习，就是利用所有学习平台，给学生提供一个可以在任何地方、任何时间、使用身边任何可以获取的学习机会来进行学习活动的3A（anywhere，anytime，any device）学习环境，帮助孩子提升自我，完善自我，成就自我。

在现有教育体制下，综合性学习怎样走进"无边界学习"，模糊边界、柔化边界，为学习者的学习提供更为开阔的平台和空间？上文中，创课《孩子们的发现》的做法是：

1.通过课程资源的广域化组织，突破了传统的教师中心、书本中心、课堂中心的定势，走进"无边界学习"。

传统的教师中心、书本中心、课堂中心的流弊是过于"中心"。只要有中心，就要确定边界，只要有了边界，就会受到边界的束缚。而真正的发展是没有清晰边界的。没有中心，没有定义边界，就获得了最自由、自然的发展模式。虽然没有传统意义上的"中心"，却收获了内在的发展活力。基于此，上文创课《孩子们的发现》，力主消融教师中心、书本中心、课堂中心，通过课程资源的广域化组织，实现了由"教材"到"学材"；由"教师"到"资源"；由"教室"到"社会"；由"教学"到"导学"的转变。譬如，为了突破"书本中心"的边界，实现由"教材"到"学材"的转变，在创课《孩子们的发现》时，自创教材，变"教材"为"学材"。如果说传统教学中的"教材"是固态的，具有凝固性，那么创课中的"学材"则是液态的，具有流动性。上文创课《孩子们的发现》的"学材"由六季组成：第一季是"我们一起玩游戏"；第二季是"我们一起看秒拍"；第三季是"我们一起看体育课"；第四季是"我们一起看戏剧课"；第五季是"老师评价学生"；第六季是"学生评价老师"。这六季学材的视频文本是以液态时间流的形式呈现的，宛若六道食材，吊足了孩子们"发现"的胃口，细细品尝，他们个个觉得是大快朵颐，人人深感美味无穷……

生命是生成、运动、超越，而不是模仿、静止、同一。相对于成人而言，孩子们是新人。新人源源不断地进入这个世界，他们中的每个人都具有开端启新的能力，它必将打乱和颠覆此前行动所启动的事件链条。在教育生活中，我们有理由期待那些不可期待的东西。前提是我们要有案例示范引领。这正是笔者进行创课，变"教材"为"学材"，使学生走向无边界学习的初衷。

为了现实由"教师"到"资源"的转变，笔者把自身化为一种"资源"——让学生呼喊我的名字。一喊"孙建锋"，学生说老师好玩、幽默；二喊"建锋"，学生说感觉老师很亲切；三喊"锋"，学生说我们是朋友，似亲人。这时，让学生我手写我口，我口说我心，孩子们发现孙建锋的名字越喊越少，但自己与孙建锋的心理距离却越喊越近；人和人是平等的，孙老师是人，"我"也是人。"我"和孙老师是平等的。于是，"我"懂得"我"与遇见的每一个人都是平等的。

是的，当学生们懂得自己与遇见的每一个人都是平等的，不就在潜移默化中实现了由"教室"到"社会"的转变；当我们创发学材，把自身化作最好的教学资源，实现由"教学"到"导学"的转变，那么走进无边界学习还是悬置的"乌托邦"吗？

当然，实现由"教材"到"学材"、由"教师"到"资源"、由"教室"到"社会"、由"教学"到"导学"的转变，关键在于大脑的转变。只有脑中无边界，才能为内生的活力所驱动；才能产生源源不断的创造力；才能带动学生持续不断地前进发展；才能到达更远的远方！

2.通过教学组织方式的调整，突破既有的课堂中心定势，走进学习方式的无边界。

我们正在进入到无边界社会，很多事物之间的边界正在逐步地被打破。无边界社会中的组织变得越来越开放、越来越有弹性、越来越有温度，越来越多样化，这是无边界社会带给我们组织的特点。"对我们孩子做的最危险的实验，就是在全社会的各个方面都在发生戏剧性的转变时，仍然用陈旧的方法教育我们的孩子。"哈佛教授克里斯德迪警策目下的教育。我们的教学组织方式应该怎样调整呢？笔者的创课从"评价"的维度做了一点尝试。

"写脸书"——学生评教，评语写在老师脸上这一创造性的教学行为艺术是将感觉留存于特定媒介中，产生一种或将影响孩子一生的强度状态。这种适机生成的纯粹的教学艺术，存在于永远流放的状态中，存在于游牧状态中，该状态积极抵制特定的传统的评价方式导致的辖域化。

实践表明，在调整教学组织方式，突破既有的课堂中心定势，走进学习方式的无边界上，每改变一点点，都需要我们用心创造。如果我们要去做，一定要保证想法足够大胆、有创意、值得付出所有努力。成为第一个，而且是独一无二的。调整方式、突破定势、走进无边界，每一点改变，每一次创造，都会遭遇障碍。如何直面障碍？巴尔扎克在其手杖柄上写着：我在粉碎一切障碍。但我们创课教学的手杖柄上不应该写着：一切障碍都在粉碎我。虽然有共同点是"一切"，不同的是后者是一个笼子在寻找一只鸟的游戏。

3.通过师生关系的调整，突破已有的教师中心定势，实现教法的无边界，使学生的学习真正成为一种关乎知识世界、生活世界和个体经验情感世界的整体性学习。

学校无边界、学习无边界、教法无边界是未来的教育生态系统。怎样实现教法的无边界，超越封闭的学习、单一的符号学习，实现学习的丰富性与整体性？

上文创课进行了如下探索：观看戏剧课视频，视频观赏结束后，笔者相机让学生动笔写下各自的发现：

这节戏剧课，老师的位置变了，由讲台走到了台下；角色变了，由"导演"，变成了"观众"；教学方式变了，由"教"，变成了欣赏。

这节戏剧课，学生的位置也变了，由台下走到了台上；角色也变了，由"配角"变成了"主角"；学生的学习方式变了，由被灌输知识变成了自我输出知识。

这节自编、自导、自演的无边界学习戏剧课，确认了学习的丰富内涵和多维的意义向度。学习不只是认知性的，更是实践性的；学习不只是为了掌握书本知识，更是追求通过知识引起学习者内在素养的变化，促进个体精神发育的过程；学习不只是在传统的课堂环境中发生的活动，更是在多元的环境中发生的活动。学习追寻的是知识的广度、深度和关联度，引发的是学习者的高阶思维，建立的是知识与情感、文化、想象、经验的丰富关联性，将知识作为精神种子在学生心灵中的茁壮生长。

综上，《孩子们的发现》创课唤醒了学生无边界学习的意识，孩子们发现：无边界学习是一种人人、时时、处处、事事皆可进行的学习过程。当然，在传统学习方式长期的桎梏下，这一过程需要首先经历一个从"负数"变成"零"的过程。记得朱大可老师说过他在大学教书就是帮助学生从"负数"变成"零"，而不是从零增加一些知识。从"负数"到"零"是一个非常艰难的过程，无法完全破除渗入到潜意识的陈旧的教学方式。走进无边界学习的实践探索，还在路上！

总之，在创课中走进无边界学习，绝非是为过去的教学强加一种表现形式，而是一个生成事件，永远没有结束，永远正在进行中，超越任何可能经历或已经经历的内容。这是一个过程，也就是说，一个穿越未来与过去的生命片段。

听完这节综合性学习创课,一位学生写下如下一段话:"完美课堂的缔造者很多,比如当你回答完问题后获得的掌声,就是观众在缔造完美课堂;老师给你的每一次肯定的眼神,就是老师在缔造完美课堂;你回答的每一次问题,就是你自己在缔造完美课堂。有时候,一群人可以缔造完美的一个人,一个人也可以缔造完美的一群人。这就要我们不断创新,不断打破僵化思维,不断锐意进取!"

缔造完美教室

——基于部编教材六下综合性学习《难忘小学生活》创课

一 // 何谓完美教室

师:孩子们,每个人的心目中都有属于自己的完美教室,从具象上来看,完美教室可以是物理的;从抽象上来看,完美教室可以是装在你心里的。物理的,我们可以把它看作是有形的,比如我们现在坐的座椅,是看得见摸得着的,是有形的;心里的,就是无形的,你现在待在这个教室里面,心里也许有一个完美教室。对吗?(蹲下来询问同学)

生:对。

师：它可以是无形的、流动的、也可以是有味道的。譬如，你我之间的对话就带有一种味道。对不对？（蹲下来询问同学）

生：对。

师：有时候，它还可以是气态的，譬如，现在就有一种氛围在笼罩着我们，这种氛围笼罩着台下，台下也有一种氛围笼罩着我们。彼此笼罩，这就是氛围。这些都是无形的，只有靠人才能缔造。如果我们全体走出这个会场，人去楼空，你就会发现这里没有任何的气象存在了。孩子们，这节课，我们一起来——

生：缔造完美教室。

师：它就意味着缔造一个软体的、无形的、内在的完美教室。它可以是液态的，可以是气态的。请拿出你的纸和笔，写出你心里的完美教室，只写你脑海里的第一闪念。

（生书写自己心中的完美教室。）

师：我们在交流的过程就是把标准集中起来放在一个袋子里的过程。这个袋子就是你的耳朵，你听进去了，就装在你耳朵这个袋子里了。

师：（走向一个男生，蹲下来询问）从你开始好不好？

生：好。我心中的完美教室是老师和同学们一起游戏着上课，没有隔膜。

师："隔膜"这个词用得好。就像家用的保鲜膜，尽管很薄、很透明，即使是这样的隔膜我们都不要。

生：我心中的完美教室就是老师和同学们像朋友一样友好相处。

师：你这个标准可不低啊！

生：我心中的完美教室是老师上课有趣味。

师：这是可以品味的。

生：我心中的完美教室是可以和老师自由地谈话，不拘谨。

师：一如现在。

生：（点点头）嗯！

生：我心中的完美教室是可以在游戏中学习。

师：在游戏中学习，很高的标准！

生：我心中的完美教室是老师能不那么严肃、不占课、不布置那么多作业。

师：三"不"。

生：我心中的完美教室是能学到知识，很开心，不枯燥，不乏味。

生：我心中的完美教室是很快乐的教室，所有人都笑口常开，不用严肃，所有人都不拘谨。

生：我心中的完美教室是上课时不用举手，回答问题时不用站着。

师：那我就蹲着。（边说边自然地蹲下）

生：老师可以和我们一起玩，想怎么笑怎么笑，想怎么唱怎么唱。

师：多开心啊！

生：我心中的完美教室是同学们的欢笑溢满教室，老师幽默风趣。

生：我心中的完美教室是老师可以用心和同学沟通。

师：好一个"用心沟通"！

生：我心中的完美教室是教室里有一位老师可以教我们很多东西，比如您。

师：谢谢你。

生：我心中的完美教室是老师在上课的时候与学生沟通心灵，让学生把心里的想法能说出来！

……

师：我们每位同学都有自己关于什么是完美的教室的标准，我很尊重你们的想法，也很愿意向你们的目标努力。在我看来，缔造完美教室是人类文明建设的一项浩大的工程。我们今天在这儿是上课，是上人类文明中的一课。我们任何一次努力，比如说我每一次蹲下来，我每次和你交谈，都是在努力，都是在为我们的大厦奉献一粒沙、一点儿水泥、一块砖头。让我们奔赴第一现场，来看一看这浩大的工程都有哪些人在做。

二 // 何以缔造完美教室

第一站：去幼儿园看跳木马

师：第一站，我们一起去幼儿园看小朋友跳木马。语文课要"跳木马"，这是要"跳思维木马"。有一个小朋友在挑战，跳十段木马。

（教师播放幼儿园小朋友跳木马的视频，同学们聚精会神地观看。视频主要内容：一次、两次、三次，视频中的小朋友怎么也跳不过去，老师却一次一次地给他机会，其他小朋友们为他加油助威，最后他一跃而过。他给一旁观看的家长深深地鞠上一躬，他给自己打气的老师轻轻的一个拥抱。）

师：在这个教室，你要上三个台阶。每上一个台阶，你都在完美自己，也就是给你的思维、你的精神美容。（投影）如果你认同这是在缔造完美教室，完美教室的缔造者是_____。请写下来。

（学生奋笔疾书。）

师：请和大家分享！

生：完美教室的缔造者是我们这些孩子。

生：完美教室的缔造者是我自己，还有老师和同学。

生：完美教室的缔造者是我自己、老师、同学，以及家长。

师：你能完整地说一说，有哪些人在缔造完美教室吗？

生：学生、老师、家长，都是完美教室的缔造者。

师：说得很清楚。我们经过一次思维美容，知道了所有在场者都是缔造者，看看台下听课的老师们，为了今天这个完美教室，他们是缔造者；看看你的同桌，他是缔造者；指一指你自己，你也是缔造者。

我们来上第二个台阶。跳木马的小朋友，他的老师，他的同学，以及家长们，都在用一个无形的东西在缔造完美教室。请补全以下几句话：

跳木马的小朋友用_____缔造完美教室、他的老师用_____缔造完美教室、他的同学用_____缔造完美教室、家长们用缔_____造完美教室。

生：跳木马的小朋友用毅力缔造完美教室、他的老师用心灵缔造完美教室、他的同学用鼓舞缔造完美教室、家长们用掌声缔造完美教室。

师：家长怎样缔造完美教室，有没有不同看法？

生：我觉得家长是在用耐心缔造完美教室。

师：理由是什么？

生：家长面对孩子的屡跳屡败，一直在耐心等待，不埋怨、不责怪、不急躁。

师：这就是耐心。

生：也是做家长的耐力。

师：将来你会不会做家长？

生：会。

师：如果你的孩子有过不去的坎，你会怎么帮助你的孩子？

生：用期许和耐心的等待。

师：期许、耐心、等待，这些沉甸甸的字眼，从耳朵里进去，在心里种下，在大脑里生根发芽。

我们上到第三个台阶，来读破这个微视频。这个"破"是有硬度的，不"破"是不能"立"的。我们发现缔造完美教室，就是——

生：一群人缔造一个人。

师：你看，这么多老师放下手中的工作支持着你一个人，一群人缔造一个人反过来是什么？

生：一个人缔造一群人。

师：大家都在认真听你发言，你一个人充盈了所有人的耳朵。一群人——

生：完美一个人。

师：反过来说——

生：一个人完美一群人。

师：等十年、二十年、五十年、八十年后，你慢慢回味，会发现这句话很有味道。你完美了，一群人就完美了；一群人完美了，你就完美了。与其说这是在缔造完美教室，不如说这是在缔造——

生：与其说这是在缔造完美教室，不如说这是在缔造完美的人。

师：人在教室在，教室在人不一定在；完美的人在，完美的教室在。完美的教室造就完美的人。

第二站：去小学看打招呼

师：第二站，我们要去小学看一看。我们要走进两间教室，第一间，我们去打招呼的教室。你愿意到台下请一位老师上来吗？

（学生下台去请老师上台。）

师：比方说要上课了，请你让请上来的老师跟咱班同学打个招呼。

生：（面向请上来的老师）老师好！

师：你好。

生：谢谢！老师你能和大家打个招呼吗？

师：同学们好！

生：老师好！

师：这才是师生现场版的口语交际。孩子们，你们目睹了现场版的师生课前打招呼。我们来看一看微视频版的师生课前打招呼。

（教师播放微视频，学生在笑声中观看。）

师：好开心啊！两个版本的师生课前打招呼，你更喜欢哪一个？实话实说。

生：第二个。

师：为什么？

生：因为第二个比较好玩。

师：孩子们都比较喜欢好玩的。

生：第二个，因为比较随意，比较真实。

生：我喜欢第二个，因为他拉近了师生之间的距离，让师生之间更开心。而第一个呢，太拘谨了，我们太严格按照现在这样的教育方式了。

师：在微视频版师生课前打招呼的教室里，我们一起去发现隐藏的东西。所有的故事后面都隐藏着东西，你可能从中发现宝石，也可能空手而归。就看你怎么发现了。我们发现微视频版师生课前打招呼，教师的"一招一式"是"一人一创"的，请你写下来学生的"一招一式"也是_____。

生：也是一人一创的。

师：教师的一招一式缔造的是——

生：学生的一人一创。

师：我们发现教师与学生用肢体语言对话，比如，他用掌学生也用掌，他用膀学生也用膀，这是肢体语言在对话，每次都在创中创，在变中——

生：变。

师：教师创变激发学生——

生：创变。

师：反过来，学生创变激发了教师的——

生：创变。

师：我们发现教师与学生进行肢体语言对话的时候，虽然没有直接教授知识，没教你 ABC，也没教你 1+1=2，但他把每个人都从禁锢中解放了出来，使生命处于自由状态。我们现在判断一下，是生命自由好，还是我们知道 1+1=2 好？

生：生命自由。

生：生命自由。

生：我觉得两个都比较好。第二个可以让我们知道知识，第一个可以使我们从身体的禁锢中解放出来。

师：你是完美主义者，鱼与熊掌都要。

师生双方的脸上洋溢着？内心充盈着？生命勃发着？

你从他的脸看到他的心，从他的心看到他的生命状态。

用什么词表达你的思想。这就检验你平时读了多少书、积累了什么样的词汇，更检验你此时此刻把消极的词汇转化成积极词汇的能力。（走向举手的学生旁边）请你站起来，请你点名谁来回答这个问题。

生：季楷昊。

师：季楷昊请你站起来回答这个问题。

生：师生双方脸上洋溢着微笑，内心充盈着热情，生命勃发着自由。

师：请愿意回答的同学起立。

生：脸上洋溢着灿烂的笑容，内心充盈着欣慰，生命勃发着活力。

生：脸上洋溢着笑容，内心充盈着欢乐，生命勃发着活力。

生：脸上洋溢着愉悦的笑容，内心充盈着快乐，生命勃发着自由的生机。

师：师生兴致盎然的生命表现在勃勃的创造力中，他的肢体语言展示出的不只是一个动作，也是一种创作。师生成为了富有创造精神的艺术玩家，教室里的人都在创造，你创造，我也创造，大家都在进行原生态的创造，完美教室成为了生命创造共同体。

我们再去第二站看一看——写脸书。你对"写脸书"的理解是什么？

生：我理解的是在脸上写字。

生：书贴在脸上了。

生：脸书应该是一种交友网站，然后在脸书上写东西。

生：我认为这是一种用脸做出来的表情。

生：我觉得应该是用表情来表达内心的想法。

生：画脸的书。

师：脸书到底是什么？我们充满着期待。在常态的课堂里，司空见惯的是老师评价学生的"学"，鲜见的是学生评价老师的"教"，那学生怎样评价老师的"教"呢？请看视频。这个要好好看，因为学生评价老师是不常见的。

（学生观看视频《写脸书》，视频内容：2016年，在成都举办的全国创新作文教学观摩会上,教师现场创课,学生把对教师教学的评价"幽默、搞笑,独一无二"写到教师脸上。)

师:在"写脸书"的教室里,每个人都勇于表达自己的价值判断。譬如,有两位同学评论孙老师幽默、搞笑,这是她们的价值判断;而有位同学评价孙老师独一无二,这样的老师是好老师,这是他的价值判断。若说写脸书是在缔造完美教室,它缔造的是一种_____教室。这就是你的价值判断。

生:写脸书缔造的是轻松愉悦的气氛和心灵沟通。

生:它缔造的是一种可以使老师和学生更加深厚的友谊。

生:它缔造了师生之间的完美关系。

生:我觉得缔造了轻松完美的每个人,轻松完美的沟通。

生:我觉得它缔造的是一种充满欢乐、充满欢声笑语、每个人都自由自在不拘束的和谐。

生:我觉得它缔造的是自由开心的氛围。

生:它缔造的是老师与学生沟通的桥梁,使学习的气氛更加愉快。

生:它缔造的是有意思的感受与氛围,利于我们学习做人,学习知识。

师:它缔造的是一种颠覆,它颠覆的是_____。

生:它颠覆的是以往约束人的规矩。

生:它颠覆了传统的教学观念,让师生关系不再那么僵硬。

生:它颠覆了传统教学的死板。

生:它颠覆了学生不能评价老师的尴尬。

生:第一个它颠覆了传统观念,第二个是颠覆了老师原来高高在上的形象,使老师变得亲民起来。

生:第一个是颠覆了传统课堂的枯燥乏味,第二个是颠覆了学生与老师之间的关系。

生:颠覆了一种传统的教学氛围,原来的氛围是一种死板封闭的空间:老师在上面讲,学生在下面写。老师您这样的讲法,会让师生之间像兄弟、像朋友。

师:我能交到你这样的兄弟得多幸福啊,谢谢你,给了我童年的快乐!它缔造的是一种挑战与机遇,它给老师提出来一种什么样的"挑战",又给老师提供了一种什么样的"机遇"?它也给同学提供了挑战,同时也给同学们提供了一种机遇。请写下你的思考。

（每支笔都在纸上跳舞。）

师：我数三、二、一，请最先站起的三名同学发言。（三位学生上台）

师：（请其中一位同学）请你到台下邀请一位老师上台，跟你PK一下。

（一位老师上台。）

师：你们两位为公平起见，请两位商议一下，给老师的挑战是什么？机遇是什么？谁先说？

（商议后学生先说。）

生：给老师提出的挑战是老师能不能放下脸面。

师：给老师提出的机遇是？

生：机遇是能不能释放学生的勇敢。

师：请这位老师来说说。

女教师：挑战是和学生真正做朋友，机遇是放下身子和孩子们打成一片。

师：师生PK也是一种"挑战和机遇"。你们赢得了挑战，也同样赢得了机遇。

（教师请第一位同学回位，另外二位学生回答。）

生：它给老师提出的挑战是挑战传统教学的拘束，机遇是与同学相处得"津津有味"。

生：它给学生提供的挑战是挑战老师权威，机遇是能让同学们了解老师，知道老师的内心世界。

师：每一节课，每一个教学场景都是机遇，也是挑战。人人都可以向"意料之外"打开自己，保持开放的姿态。"意料之外"的创造超越创造的"意料之外"。

第三站：去中学看撕课本

师：我们去第三站，到中学看一看撕课本。教室里正在发生一场"革命"。

（学生观看视频，视频内容为电影《死亡诗社》的一个片段：基廷老师鼓励学生撕课本。）

师：通过这个片断，我们将在"讲理"中学习"讲理"，基廷老师是在讲道理。为什么要撕课本？我们学习他的讲理，我们先来讲理。基廷老师鼓励学生撕课本，他撕掉的是什么？为什么？请写下来。

（学生奋笔疾书。）

师：请同学们自由地表达自己，谁先发言？

（学生争先恐后地上台，然后排队发言。）

生：我觉得撕掉的是权威。

生：撕掉的是陈旧的教育观念和权威，因为这样才能调动学生的自主思考和不同想法，让课堂变得生动活跃起来。

师：这位同学讲了两个部分，课堂的活跃程度取决于学生思维的活跃程度。师生有思维、有见解，课堂也就活跃起来了。所以禁锢这些东西的所谓权威以及一些旧的观念都要撕掉。

生：我认为他撕掉的是名人。

生：我认为撕掉的是传统的教育方式，因为它打破了传统。

师：很简洁。传统就是我说你听，我说你记，课本里的知识搬到作业上，作业上的搬到考试卷上。

生：我觉得撕掉的不仅是老师的权威，还有课本中枯燥乏味的知识和传统教育方式。因为他撕书的动作虽然简单，但他打破了传统的模式与观念。

师：好，"撕"不仅是动作，更是一种突破。

生：撕掉的首先是权威，然后是传统，最后是错误的知识。我们来学校学习的是真理，而不是课本中所谓的真理。

师：我理解你的意思，这里的"真理"埋下了伏笔。

生：我觉得撕掉的是过去的陈旧的知识，我们现在生活在信息多样化的时代，需要信息的不断更新，而不是循规蹈矩，做一些旧的事情。

生：尽信书则不如无书，表面是在撕书，实际上是打破了一种循规蹈矩的模式，从而让学生放飞自己的思维。

生：撕掉的是传统的教学观念和权威。因为权威遮挡了人们的思维，基廷老师有自己的看法与见解。

生：批评的是学生不正确的认知，也撕掉了权威，撕掉以后才能解放心灵，在传统中创新，以传统为基础盖起创新的大楼。真理再往前迈一步就是谬论。

师：如果说撕课本缔造的是完美教室，那么它缔造的是什么？为什么？光撕不行，光破不行，要立。

生：它缔造了学生的自由思维，因为他打破了传统的教学观念。

生：缔造了一个新的教学方式，因为他让学生们把课本撕掉，说明他对课本并不认同。

师：不认同所以他要撕掉。

生：对。

师：他缔造的是他认同的，那他会不会也成为权威呢？

生：他当然可以成为权威。

师：他会不会被"撕掉"呢！

生：他应该也会被"撕掉"，因为会有新的人成为权威。如果他不想被别人撕掉，他应该继续创新。

师：非常地赞赏你的观点！你知道每个人都会被"撕掉"，都该被"撕掉"。好，《草船借箭》拿到了吗？

生：拿到了。

师：哪一个男孩子是最勇敢的？刚才我们埋下了一个伏笔，我来指引下，这位男同学，请你回答。你如果没有忘记你是怎么说的，课文有可能也是？

生：错误的。

师：《草船借箭》是我们课本上的一篇课文，下面去请一位老师上来，让他带你来缔造完美教室。

（学生携一位老师上台。）

师：他慧眼识师。公开课可以被"撕掉"，孙老师正在"撕掉"公开课，传统的公开课只有一位老师上课，我们今天的公开课可以有两位老师上课，（转向男老师）请你接着往下上两分钟的课。

男老师：对不起老师，我没明白您的意思。

师：前边已经播放了视频，我们的学生认为课文也有可能是错误的，是吗？

男老师：是。

师：请你带着孩子们以《草船借箭》为例子，缔造完美教室，请你即兴创课，往下教学。

（男老师思考，学生举手要求上台帮助男老师。）

生：传统的观念是用箭就得造箭，创新的观念是用箭的时候就去借箭，记住这个方法"借"，这也就是我帮你打破传统的观念。

生：老师，我来给你说一下，我刚开始同意他的方法，诸葛亮没有采纳周瑜让他造箭的建议，而是用草船向曹操借箭，最后周瑜承认诸葛亮神机妙算，这也说明了传统观点向新观点低头了。

师：谁愿意来帮这位男老师？（一位男生举手上台）有三个男生来帮你了。

生：老师，我认为周瑜让诸葛亮造箭，造箭是中国传统的造箭，诸葛亮先向曹操借箭，而不造箭。

（男老师思维空白，一片茫然，不知所措。）

师：没关系，上到台上来就已经打破之前从没有上台的纪录了！

师：我们再"撕"一样东西。让我们用《草船借箭》来缔造完美教室，一起把课文标题读一遍。

生：草船借箭。

师：（面对一位学生）你可以借给我十块钱用吗？因为我要买一支牙膏，我身上没有带钱，但是我回到家以后会把钱还给你。

生：可以。

师：我说明了借钱的原因，还说明了我在什么时候还钱，这就叫有借有还，再借——

生：不难。

师：你认为课文里诸葛亮是向曹操借箭吗？

生：我觉得不是，他是抢箭。

师：理由是什么？

生：因为他借曹操的箭并没有还。

生：我认为是偷箭，因为他不是正正当当去借的，他是用草船上面的稻草人假装成士兵偷来的。

生：我感觉是借箭，因为他把箭从草船上拿下来之后又射过去，还回去了。

生：抢是直接抢，偷是对方不知道，我认为是骗。

师：为什么？

生：因为用稻草人假扮士兵骗来了箭，不像抢那么明，又不像偷那么暗。

师：一个骗人家东西的人，课文中是怎样说诸葛亮的？说他是？

生：神机妙算。

师：神机妙"骗"！那草船借箭，不就是……？

生：草船"骗"箭。

师：凡是认同草船"骗"箭的，就可以撕掉《草船借箭》这篇文章了。但是纸不能乱扔，放在你的桌子上；不认同是草船"骗"箭的没关系。

（学生纷纷撕掉草船借箭。）

师：有形的书易撕，无形的书不易撕！缔造完美教室就是缔造不唯书、不唯权的特立独行的人！只有极少数人能保持特立独行，特立独行是强者的特权，只有思维强大了，你才强大。只有强者才能摆脱桎梏，没什么东西可以击败你！

第四站：去大学看玩游戏

师：第四站，我们到大学里看玩游戏。很简单，一个大学教授带着一群学生上幼儿园的课。（学生观看视频。）

师：游戏过后，有位同学写了一首诗，请你来读一读——

> 教室就像一只透明的鱼缸
> 每个人都是鱼
> 我是自己的异己者
> 兀自站在鱼缸外
> 盯着那些鱼（包括我自己）
> 看他们"游戏"
> 然后看见无形之水
> 盈满鱼缸

师：这是大学生写的一首诗，小学生来读，很有味道，因为你带着游戏的心态来朗诵这首诗，你就变成了鱼缸里的鱼，我们再来读一遍，预备——齐！

（学生齐声朗读。）

师：这个"无形之水"，你的解读是什么？想出来的都写到黑板上。

（学生纷纷上台。）

师：一只只嫩生生的小手，在黑板上自由舞蹈。他们在答题吗？不，他们是在写自己的思考，自己的理解、自己的童诗。写满字的黑板是美丽的，那是美丽的思维之画，那是真正的个性化游戏。玩游戏是在缔造完美教室吗？为什么？

生：是。

师：为什么？

生：在游戏中学到很多知识。

生：我认为也是。

生：游戏能营造快乐的气氛。

生：在思维中学到知识。

师：一代哲人尼采说——

生：（齐读）"游戏"，看起来小儿科——恰恰是充溢着力量的人的理想；是"稚气"，像神的稚气一样，嬉戏着的儿童。

师：美学家席勒说——

生：（齐读）只有当人成为真正意义上的人的时候，他才游戏；只有当人游戏的时候，他才是完整的人。

师：同学们，你觉得自己是完整的人吗？为什么？

生：是。因为我们一直在游戏中。

师：读了尼采和席勒的关于游戏的格言之后，我们对"无形之水"有了再次的解读，你认为"无形之水"是什么？

生：人。

生：完美教室。

生：就是一个完美的人。

师：你们比席勒、尼采更高明，我们把第二站的课前"打招呼"放到教室，有缺陷吗？

生：没有。

生：我觉得有缺陷，如果这个游戏玩大了就不好了。

生：看似没有缺陷，但是还有缺陷吧。虽然我们现在学的知识大多是没有用的，但是我们还是要学习点知识吧。

生：有缺陷。老师丧失了点尊严，应该像现在这样，老师在空闲时和学生联系。

师：老师的尊严从哪里来？

生：缔造完美教室的老师有尊严。

生：缔造完美学生的老师有尊严。

生：缔造完美自己的老师有尊严。

生：孙老师有尊严。

师：我们都能缔造自己的尊严！

生：对！

师：一切教室都是地方的，一切地方的教室都是完美的。地方的教室之所以完美，就在于它是不完美的，是有缺陷的，教室有缺陷，可能性才大。这种可能而未能的状况就是无言之美，这种未能而可能的实现就是缔造之美！缔造的每一个瞬间都蕴含着对世界的爱意与期待！充满着无限的期待，我才有今天的缔造。缔造完美教室，我们一起出发！我们走向哪里，并不重要，重要的是彼此都收获了原创风景：没有一句话是从课本上能找到的，都是我们现场生成的，都是我们在互动中形成的灵魂的原创风景！在缔造的完美教室里，你的玫瑰正艳，我嗅到了花香。你嗅到了吗？什么味道？（打开掌心，竖立学生跟前）

生：手的味道。

师：缔造之手的味道，在教室里什么都能缺，就是不能缺少缔造之手的味道！下课！

生：老师再见！

/ **教学反思** /

樱花烂漫的时节，我来到枣庄实验学校，和六年级的孩子们一起缔造完美教室。

缔造完美教室包括具象与抽象两个层面：具象完美教室——大楼之大；抽象完美教室——教师之大。前者是硬实力，后者是软实力。二者是实中有空，空中有实，实即是空，空即是实。就软实力而言，缔造完美教室，一是缔造完美教师；二是缔造完美学生。主要指涉精神生活，灵魂的漫游和邂逅。漫游在无数灵魂之中，邂逅可爱的灵魂，邂逅精神之美。通过综合性学习——缔造完美教室的创课——给孩子们的小学生活留下一次终生难忘的印记。

一、"跳木马"的教室：老师不止一位

微视频《跳木马》是完美教室的一扇窗，打开这扇窗，你会发现完美教室是一个系统，在这个系统中，不只有一位老师，而是几十位老师，每一位家长都是老师，每一位学生也都是老师，每一位学生都是自己的老师。人人是人人的老师。"万物互联"，自己的每一个行为都会影响到其他人，其他人也会影响到自己。教育，是人与人之间，也是自己与自己之间发生的事。真正的教育就是浸润其间，让每个人都成为最好的自己。

时间在悄无声息地流走，唯独带不走完美教室的童年记忆。"跳木马"只是成长中的一次遇见，成长中的每一次遇见都会不经意地变成自己人生的一部分。完美教室，不就是在对的时间、对的地方和对的人在一起嘛。时光不老，我们不散。

二、"打招呼"的教室：创造人人可为

无论国家还是个人，要想发展，实现大繁荣，创新才是唯一出路。创造人人可为，人的本性就是创造性。哲学大师卡西尔说，人并没有什么与生俱来的抽象本质，也没有什么一成不变的永恒人性；人的本质是永远处在创造之中的，它只存在于人不断创造文化的辛勤劳作之中。因此，人性并不是一种实体性的东西，而是人自我塑造的一种过程：真正的人性无非就是人的无限的创造性活动。诚然，完美教室里应该彰显人性，即人的创造性。故此，创造，理应是完美教室里最有活力的产业。

微视频《打招呼》中的老师和学生人人都是"艺术玩家"，个个是创造天才，他们不需要向任何人请求许可，只是遵从内心、率性而为、自然而然、水到渠成。人人迸发着创造的激情，不受束缚、自由表达思想的课堂成为了完美教室里最有活力的风景。这是一种创新行为，更是一种创新精神，他们做出了别人未曾有过的尝试。他们不追随流行，只追随自身。如果你看到了"流行"的教学模式，就落伍了。虽然课前打

招呼只是一个微创新，但它实证了创造人人可为。如果我们都能像微视频"课前打招呼"中的老师一样，每天坚持一点创意，至少是放下手机，做点与电脑无关的事情。一些奇妙的创课想法就会像兔子一样，不知道从哪个洞穴里蹦出来，你只要瞄准机会，就能逮住几只，或者越抓越多。

三、"写脸书"的教室：学生能够评教

教师评学，司空见惯；学生评教，凤毛麟角。

传统教学现状并不能决定我们的教学品位，恰恰相反，我们的教学品位，决定我们选择何种方式创课。

基于此，我通过"写脸书"的方式创课，让学生能够评教由"应然"化为"实然"。

"写脸书"表面上看是让文字符号书写在脸上、是在"为写脸书而写脸书"的仪式感中，本质上却是教师把"脸"作为"战场"，激发学生评教的表达欲，让鲜活的生命用自己的声音说话，释放他们心中被屏蔽的言语。解构单向度的"教师评学"，建构双向度的"学生评教"，让教室成为师生互评的流动的舞台。学生评教与教师评学，要么联合，要么对抗。在这场"拉锯战"中，只有行动才能打败行动。学生生命中的最强点、他们全部能量聚集之处，就是他们与教师评学权力正面冲突的地方，把评价写在教师脸上，则与权力抗衡、利用权力的力量逃离权力的陷阱的行动。千万不要说"写脸书"是创课的个案，它是那只"黑天鹅"，课堂里只要有一只"黑天鹅"横空出世，"天鹅是白色的"（课堂只能教师评学）这一论断就被证伪了。

"写脸书"行为艺术是一种创造性活动。既然是创造性活动，就是一种难以预料和难以界定的活动，它只有在"当场"呈现中，才能显示其正在展开中的内容；才能显现出它的倾向和发展趋势；才能显示其本质。当然，"写脸书"创课的行为艺术也是一种奇迹，而奇迹不是每天、每间教室都会发生的，也不是要所有人都理解的，所有人都理解，那得

普通成什么样啊!

四、"撕课本"的教室:自己解放自己

微视频《撕课本》中基廷鼓励学生撕碎课本,表面上撕碎的是一成不变的标准答案,本质上撕碎的是控制独立思想的权威。

以前"不唯书""不迷信权威""尽信书不如无书"的提倡往往只是纸上谈兵,学生撕碎课本的可能性高于现实性。因为可能性在本质上就是不可能性;可能性之所以成为可能性,就是因为存在不可能性。实际上,突破可能性与现实性之间的矛盾及难题,不能只在这两者之间的关系中寻求出路,而是要在生命的不可能性以及生命超越不可能性的可能性中找到解决可能的路径。通过对《草船借箭》进行"微革命",我唤醒学生重新审视《草船借箭》。学生认为"借"首先是光明正大地征得主人同意,其次要讲究信誉明确归还的日期,最后双方要有份契约。而诸葛亮既没有征得曹操的同意,也没有明确还箭日期,还美其名曰:"草船借箭",其实是赤裸裸的草船"骗"箭。于是,他们撕碎课本。当然,"找到解决可能的路径",是一生的功课。课上,我和孩子们一起消除跳出可能性的"沼泽地陷阱"的恐慌和孤独,我们也要谢谢基廷,谢谢他用他的生命与在世经验,给我们增加了智慧。我能想到的最好的状态,就是获得理解,并在彼此的生命里盛开。由是,开始缔造完美教室,自己解放自己,教育勇气,支持、鼓励孩子们鼓起勇气追随自己的内心,解决读死书、死读书、读书死的问题。诚然,我们在践行比知识启蒙更重要的思想启蒙——启发更多的老师和学生始终向往彼岸的"不可能性",用永恒的"不可能性"引导生命自身跳出可能性的"沼泽地陷阱",一如大庭广众之下撕碎课文《草船借箭》,破除迷信、独立思想,运用自己的勇气和智慧,质疑课本,反抗权威,解除对"真理"的屈从。这一创课,宛如电闪雷鸣的暴风雨之夜的大自然在畅快淋漓地撕裂自己,解放自己。

五、"玩游戏"的教室：玩中学、学中玩

人生如此复杂，微视频《玩游戏》中的教授却能用一只瓶子，几个乒乓球，一杯石子，一杯沙，两瓶啤酒，直观地展现人生，如此轻松、风趣、幽默、达观，让人找回了湮没已久的童心，也唤醒了重拾"玩中学、学中玩"的课堂乐趣的决心。缔造完美教室，就是领着学生玩中学、学中玩，会玩儿才是种境界！

可别小瞧"玩中学、学中玩"的游戏。尼采说得很俏皮："游戏"，看起来小儿科——恰恰是充溢着力量的人的理想；是"稚气"，像神的稚气一样，嬉戏着的儿童。席勒说得很中肯："只有当人成为真正意义上的人的时候，他才游戏；只有当人游戏的时候，他才是完整的人。"

是的，我们的教学要秉持游戏心态。从微观角度，只有视教学为游戏才能快乐；从宏观角度，只有视存在为游戏才能超脱。

如果我们不能给自己一个游戏的心态，而只是一味正儿八经地穿梭在课桌间，难道不是一个最不开窍、最无可救药的人吗？

"教室就像一只透明的鱼缸/每个人都是鱼/我是自己的异己者/兀自站在鱼缸外……"

是的，兀自站在鱼缸之外，创课正在注入无形的源头活水：

"现在"不是在教室之外，而是在教室之中；"未来"不是在教室之中，而是在教室之外。我们改变，教室就会改变；教室改变，我们也会跟着改变。我们多了一分快乐，教室就少一分痛苦；我们多了一分对话，教室就少了一分独白；我们多了一分唤醒，教室就少一分冬眠；我们多了一分完美，教室就少一分遗憾。缔造完美教室，就是缔造完美自己。不是吗？